マドンナメイト文庫

私の性体験投稿 年上の女

夕刊フジ

目次

私の性体験投稿　年上の女

特技を活かして

――東京都・公益法人職員・五十六歳

五十代もなかばとなり、人生の黄昏《たそがれ》どきを迎えた。職場からもそう感じられる存在となったのか、関連団体に出向を命ぜられた。

出向先は環境問題に取り組む公益法人で、私を含め二十人の役職員のなか、総務部長という名ばかり部長の肩書き。仕事の内容は各県の担当者と意見交換するべく出張し、要望を環境問題に反映させていくという、忙しいながら達成感のある業務である。

繁忙で事務処理が追いつかなく、部下からの要請もあり、派遣職員をひとり採用しようということになった。

採用したのは、×川ユウコさん。少し太めの女性である。年は四十代前半。色白で、少しホームベースがかった大きめの顔、ショートカットの髪から耳がぜんぶ見えている。黒縁メガネの奥の瞳はまんまるで、メガネを載せた鼻は胡坐《あぐら》をかいており、唇も少し厚い。

笑うと頬の肉が盛りあがり、失礼だが、事務職をするよりも、お笑い芸人になったほうがいいような、愛嬌《あいきょう》のある顔だ。ふつう顔が大きいとロングヘアにして、顔の大きさをカムフラージュするものだが、そうしたことを気にするようでもない。

私たちより出勤が一時間遅い十時から、終業が一時間早い四時まで、という条件のもと、仕事はそつなくこなしてくれる。また、職場の雰囲気を和ませる明るい性格で、いつしか職場では「ユウコさん」と親しまれるようになった。

定期的に行う飲み会では、ビールジョッキを何杯も空け、社交的だ。酔った勢いで聞いたら、独身でひとり暮らしだという。

彼女の教育係は部下に任せ、私はもっぱら月末残高の整合性に留意しながら仕事をしていた。しかし、最初の四半期、つまり六月の末、月次決算と棚卸をしていると、切手の在高が帳簿と合わない。

「切手を買っておいて受払台帳に記帳し忘れたとか、そういうことはないかな」

部下に聞いてみると、

「今月の×日に、ユウコさんに八十二円切手を五十枚ほど買ってもらってますが」とのこと。

そこで、彼女にそのときのことをたずねると、

「すみません。たしかに私、郵便局に行って、切手を買ってきました。でも、その日に、台帳に記入するのを忘れてました」

彼女が目をウルッとさせながら謝った。

「あぁ、そういうことでしたか。わかりました。原因がわかればいいんですから」

とだけ言って、また仕事に戻った。少しとがめぎみに聞きすぎたかなと思ったが、総務部長として締めるところは締めないといけない。その日は、それで終わった。

翌日からは、ユウコさんも伝票の起票、出張旅費の精算などをミスすることなく几帳面にこなしてくれた。

遅刻や無断欠勤もなく、職場の飲み会などの行事には必ず参加し、少しほろ酔いで職場に対しての意見、要望なども言ってくれて「助っ人」というよりも「戦力」になりつつあった。

年を越し、冬がすぎ、桜が咲いて、新年度を迎えた。年度決算をしながらも、出張

などの仕事はつづく。そうした忙しさの中でも、ユウコさんがそつなく仕事をこなしてくれたおかげで、年度決算と監査を乗りきり、私は引きつづき出向二年目の仕事をこなしていった。

我が団体の活動状況が出向元に入り、仕事ぶりが評価されたのか、出向元からまる二年で出向期間を満了とするので、次の三月いっぱいで出向元へ帰任するむねの内示を受けた。

私としては、やっと仕事がおもしろくなってきたところで、帰任という名の異動となったわけだ。人事とは読んで字のごとく「ひとごと」である。

出向元から正式に発令が出たのが三月中旬。その日、私は関西に出張していた。携帯電話で出向元の人事担当に連絡し、あらためて帰任となることを確認。職場には「三月末で出向元に帰ることとなった」むねのＬＩＮＥを送った。

部下からは「二年って、中途半端ですね」や「もうちょっと、いっしょに仕事したかったです」だの、そしてユウコさんから「お疲れ様です」という書きこみもあった。

出張が終わり、三月末まで約二週間。残務整理、引継ぎなどに追われ、ようやく最終日を迎えた。その最終日もユウコさんはそつなく仕事をこなし、いつもの四時の退社時刻となった。

「いろいろお世話になりました。四月から出向元ですが、がんばってください」

ユウコさんはわざわざ私のデスクまで来て、さびしそうな顔で頭を下げた。

私はここだと思って「少しよろしいですか」と促し、入口のほうに向かった。

職場は雑居ビルの七階にあった。七階部分は我が職場のみが入っていて、ドアを開けると、右に一台のエレベーター、左手はトイレ、そして正面は非常口であり、その扉を開けると、非常階段となっている。

「どこへ行くんですか」

いぶかるユウコさんの手を取って「まぁまぁ」と言いながら、コンクリートの非常階段の踊り場に出た。

閉めたドアを背に私が立ち、外側にユウコさんを導く。そして、しばし黒縁メガネの奥の瞳を見つめてから、抱きしめた。出っぱった、やわらかい胸が私の胸を圧迫している。

「ぶ、部長、なにするんですか？」

とうぜんながら、ユウコさんは当惑ぎみである。

さあ、私のとっておきの特技を使うときが来た。私の特技とは、悲しい思い出を頭の中で蘇《よみがえ》らせると、いつでも涙を流すことができるのである。

私はユウコさんを抱きしめたまま目を閉じ、頭の中でさまざまな悲しいシーンを思い浮かべた。両目から、涙が頬をじわじわと伝いはじめる。

チャンスだ！

抱きしめた手をゆるめ、ユウコさんを見つめた。

「部長、どうしたんですか！」

メガネの奥の目をまるくしたあと、ニコッと微笑《ほほえ》み、目を閉じてあごを突きあげた。しめたと思いながらも、動作は自然な流れ、という感じでゆっくり唇を重ね、舌を入れる。

ユウコさんが腰に手をまわしてきた。私も腰のあたりを抱き、ときおり髪の毛をまさぐる。だんだん、ユウコさんの息づかいと舌の動きが荒くなったところで唇を離す。

私の頬にはまだ涙が伝っている。ユウコさんは親指の腹で私の涙を拭い、あらためて「部長、どうしたんですか」と聞いた。

「いや、いろいろ仕事できついことを言ったから、それが申しわけなくてね……あ、でも、いつまでもこうしているとマズいね」

しっかりとユウコさんを見つめたまま、小声で話す。

非常口の扉を開けて帰路につくように促し、エレベーターの下りのボタンを押しながら、

「あのう、今日は五時で終わりますから、駅の近くで会いませんか」

と、声をかけてみる。

「わかりました。駅の近くのコーヒーショップでお茶してます。私もなんだか、もうちょっとごいっしょしたいので……」

その声を残して、ユウコさんはエレベーターに入っていった。

オフィスの扉を開けて、なにごともなかった顔でデスクへ戻る。

残務整理や送別会は前日までに終わっており、事前に「最終日はひとりにさせていただけませんか」と公言していたので、五時の終業時刻には「二年間、お世話になりました」と、通りいっぺんの挨拶をし、見送られてビルをあとにした。

さぁ、これからユウコさんの待つコーヒーショップへ一目散だ。

店に着くと、入口近くのテーブルでアイスコーヒーを飲んでいるユウコさんがいた。

私の姿に気づくと軽く手を振る。

すぐに店を出て、私の前へやってきた。

私は「さっきの非常階段のつづきを」と言うかわりにあごでしゃくって、歩き出した。歩く先はラブホテル街だが、ユウコさんはためらう様子はない。

目指す先は一致している。最初に目についたホテルに入る。腰に手をまわして部屋へ導き入れたが、なにも言わずついてくる。

ドアノブを押すと正面にダブルベッドがひろがり、左にソファが、右にガラス張りのバスルームが見える。

さっそく、お姫様だっこでベッドへ向かい、ゴロンと横たえる。

ユウコさんは目を閉じている。黒縁メガネを両手ではずしてやり、枕もとに置くと、小さく目を開けて、クスッと笑った。

しばし唇を重ね、純白のブラウスのボタンを上からはずしていく。中からあふれ出るように、純白のブラジャーに覆われた胸が現われた。飯碗《めしわん》をふたつ伏せたような乳房で、優に九〇はありそうだ。薄いピンクのスカート、その下にベージュのパンストが現われている。

ブラジャーの背中に手をまわし、ホックをはずすと、両の乳房があらわになった。湯気が立っていたら、まるでジャンボ肉まんだ。その肉まんのてっぺんには親指と人さし指で輪を作ったぐらいの乳輪、そのまた真ん中にはパチンコ球くらいの乳首がピョコンと立っている。

それからスカートを脱がし、パンストといっしょに純白のパンティーを足から剝がすように下ろしてゆく。もうユウコさんは生まれたままの姿だ。私も大急ぎでシャツもズボンもパンツも脱ぎ捨てる。

ふたたび唇を重ね、頰、耳たぶへと舌を這《は》わせてゆく。

ジャンボ肉まんを揉《も》みたてると、まるで水でふくらませた風船のようなやわらかさだ。それでいて、手を放すと、もとのジャンボ肉まんに戻る。

手を下へ移し、股間の茂みをスリスリしてみたが、ユウコさんは無抵抗だ。

濡れそぼった陰裂に、中指をL字形に曲げ、インサートする。

ユウコさんの鼻息が荒くなってきて、

「お願いです、部長……お願いです」

私にささやいた。

「お願いです」の意味の察しはついたが、私もお願いしようと中指を陰裂から抜き、

「私もお願いします」

と言って、ユウコさんのわきに横になった。

ユウコさんはなんのためらいもなく、私の下半身のほうへ移ると、顔を落として勃起を口に咥《くわ》えこんだ。

チュパッ、チュパッ。

卑猥《ひわい》な音をたてながら頭を前後に、そして左右に揺らしている。

あまり男にチヤホヤされるような容姿ではないが、それなりに男遊びは重ねてきたのだろう。抜群のフェラテクだ。唾液を垂らし、ビュルルと唇もろとも、バキュームフェラで震わせている。今度は私が「お願いです」と言う番だ。

その気持ちを察したのか、唾液の糸を引かせながら、唇をゆっくりと勃起から離した。そして私の腰にまたがると、勃起の先を快楽の入口へと導いた。ヌルッと液状化した秘部の奥へと潜りこんでゆく。

「あん」

私の体にすがるように、腕をまわしてきた。

「あぁ……忘れてたんです、この感触……」

うっとりとした表情で、ユウコさんがつぶやく。

私がゆっくりと腰を動かしはじめると、その動きに合わせて、鼻息を荒くする。

ひとしきりユウコさんの体を上下させたところで、私は腰の動きを止め、合体したまま体勢を入れかえた。

今度は私が上だ。ユウコさんの両膝を抱え、ふたたび腰を使いはじめる。

その抜き挿し運動を待っていたのか、

「はあん、はあん」

ユウコさんがひときわ甲高い声をあげた。口を三角形にしている。

下に目をやると、お互いの陰毛がからみ合っている秘部が見える。肉棒に加えられる感触と、卑猥な眺めとを楽しんでいるうちに、だんだん頂点に達してきた。

ユウコさんは私の背にまわしていた両手をパタンとWの形にひろげ、顔を左に向けている。

腰の動きをターボエンジンにチェンジ。ユウコさんの嬌声がさらに高くなったかと思うと、ふたたび私の背中に両手をまわし、きつく抱きしめてきた。

その両手の感触に負けてしまい、発射の瞬間が迫った。急いで勃起を抜き、ユウコさんのへその下にぶちまける。そして、両手できつく抱きしめると、

「うっ、うっ、うっ……」

ユウコさんはとつぜん肩を震わせて泣き出した。私と違って、こちらは本物の涙のようだ。

「泣かないで……」

髪を撫《な》でてやりながら、そっと言う。

「だって……だって……もう出向元に帰ってしまうんですよね。部長……寂しいです、とっても……」

振りしぼるような声で訴える。ふたたびきつく抱きしめて、唇を重ねる。

こうして、自在に涙を流せるという特技から、ユウコさんを抱くことができた。

現在もメールで連絡を取り合い、三カ月に一度のペースで逢瀬《おうせ》を楽しんでいる。

かわいい恥丘

大阪府・会社員・五十四歳

九〇年代前半のバブル期。転職した会社は規模は小さかったが、社員の福利厚生の名目で保養施設と契約していて、夏になると、社長が社員をクルーザー遊びに連れていってくれた。

社員は社長も含めて男性三人、女性はふたり。

「彼女も連れてこいよ」

社長が声をかけてくれたので、つき合っていた雅美《まさみ》を誘うことにした。七歳年下の雅美は転職前の会社の後輩だが、明るく、仕事に対する姿勢に好感が持てた。髪はソバージュ、身長は私より少し小さいくらい。胸は小さいが、スレンダーでバランスのよいスタイル。スカートから伸びた脚は、ストッキングの上からむしゃぶりつきたくなるくらい、私好みだった。

雅美とのなれそめなどのことにも少し触れておこう。

前の会社に在籍していたころ、酒宴の席で、雅美の同期女子、舞子《まいこ》に探りを入れてみたが、

「マミちゃん、彼氏いてますよぉ」

と、スタートする前に撃沈。

それでも、それを聞かなかったことにして、ダメ元で雅美にアプローチした。

「今度、ゆっくり飲みにいかない？」

「同じ会社の人とつき合うんはようしません。飲むんだけやったら、ええですけど」

「あ、そう……」

うわ、読まれている。下手だなぁ、俺。

社員会の日帰りキャンプで、海にも行った。

当時、女性の水着はハイレグが流行していて、雅美の水着もおとなしめのハイレグだった。

その姿に、V字ラインを手入れする雅美の姿が頭の中で暴走し、日焼けしていない

白い太ももに顔をうずめたくなったものだ。

冬は健康保険組合主催のスキー旅行。もちろん雅美も参加した。スキー場でのかわいらしさ三倍効果に、私は参ってしまった。

こんな行事や業務を通して、仲はよくなった。だが、あくまでも先輩と後輩という範囲内である。

その雅美が二年目の春、東京に移動になった。そして追いかけたわけではないが、私も初夏には東京の会社に転職したというわけだ。

東京暮らしが落ちついたころ、雅美から電話番号を聞いていたので、連絡を取り、食事に誘ってみたところ、

「知っとる人がぜんぜんいてへんから、連絡もらえてよかったです」

との返事。

断られたら諦める覚悟だったが、意外にもすんなりだったので、びっくり。

雅美と待ち合わせ、ちゃんこ鍋店へ。テーブル席だが、パーティションで密室感があり、話も弾む。

「雅美ちゃんのこと、ずっと好きだったんだよ」

以前とは違って、スラッと口に出せた。

「ええっ、そんなん見せへんかったやないですか。ま、そこがええとこですけどね」

「だって最初に、同じ会社の人とはつき合わへんって、ばっさり斬ったじゃない」

「そないなこと、いいましたっけ？」

あっけらかんと言う。

「いまだったら、オーケー？」

「ええですよ」

「でも、彼氏いたんじゃなかった？」

「ああ、入社したころに別れましてん」

こうして、雅美とつき合うようになった。

私は舞子と同様に雅美を「マミ」と呼び、彼女は私を「おにいちゃん」と呼んだ。雅美のお兄さんよりも年上だったためである。最初は恥ずかしかったが、すぐ慣れてしまった。

私の部屋に遊びに来てくれるようになったある日、家飲みをした。

並んで壁によりかかって座っていたが、ふとした沈黙のあと、マミを抱きよせてキスをすると、

「じつはわたし、処女」

酔っているのか、照れかくしか、おちゃらけてマミが言った。

「えっ。彼氏いたから、てっきり……」

「裸で抱き合うたまでは、あったんですけどね」

「じゃ、してないの？」

「うん」

小悪魔のように、ペロッと舌を出す。

「今日はいいのかな」

「……ええよ」

マミが私の肩に頭をコトンと乗せてきた。

長いキスをした。抱きしめて体全体をソフトに愛撫《あいぶ》していると、彼女の体臭に変化が感じられるようになった。まろやかな暖かい匂いという感じだろうか。

太モモから足のつけ根に向かって手を進めると、そこはぐっしょり濡れていた。

上着を脱がせる。やはり胸は小さかった。パンティーを脱がせ、彼女のブッシュに顔をうずめる。クンと女の匂いがした。

あぁ、やっと、この瞬間が訪れた……。

処女のナマ汁をたっぷりとすすりたかったが、ひと舐《な》めくらいで、

「あかん!」

と拒否された。局部を見られるのが、いやだったようだ。

強行しては冷められる恐れがあったのでクンニはやめ、マミのはじめてをありがたくいただいた。


「ね、ハイレグにしてよ」

転職した会社の福利厚生での海行きを前に、私の1DKの部屋でマミに来てゆく水着の提案をする。

「エッチ、そないな目で見る人おるから、ハイレグ着れへんの!」

「絶対、ハイレグのほうが似合うからさぁ」

しつこく粘る。

「新しく水着買うお金なんてあらしまへん」

「そっかぁ。残念だなぁ。でも水着着るんやったら、アソコの毛ぇ処理するんでしょ。なら、剃《そ》らせてくれないかな？」

「もうなに言うてんの。おにいちゃんのアホ！」

「お願い。いいじゃん」

「恥ずかしいよ」

言うなりドアを閉めて、マミはキッチンのほうに行ってしまった。

だが、五分も経《た》ったころ、マミの呼ぶ声がした。

「おにいちゃん」

声はユニットバスの中からだった。バスのドアを開けると、一糸まとわぬ雅美が背を向けて、バスタブの縁に座っていた。

「一回だけやからね」

「え、いいの？」

とたんに目尻が下がる。

「そないに見ぃひんの、エッチ！」

私も服を脱ぎ、バスルームに入った。

自然のままに生い茂った雅美の恥丘。このままでは、ふつうの水着でも危ういくらいだ。

まずはハサミでおおまかにカット。つづいてボディソープを泡立て、芝刈り状態の部分に置いていく。真っ白な泡にブッシュが透けて黒みがかっている。

私のチ×ポがムクムクと頭をもたげてきた。

「あ、勃《た》ってきた、エッチ！」

雅美がいつもように茶化してくる。

ひげ剃り用の二枚刃カミソリを雅美の肌にそっと当て、スーッと動かす。

チョリチョリチョリ……。

なめらかなカーブを描いて盛りあがる恥丘にそって刃を滑らせてゆく。剃る感触が伝わってくる。

「はぁん」

小さく雅美の声が漏れた。

周囲から徐々に下に向かう。狭間《はざま》からはみ出ている襞《ひだ》を傷つけないようにと慎重になる。カミソリを動かす手が興奮で震える。

「あっ、そないに剃っちゃったん、まわりのほうだけでええのにぃ」

てっきりぜんぶ剃るものだと思っていた。あとは割れ目近くの毛が不細工に残って
いるだけ。さすがにこれでは格好がつかない。

「こっからは怖いから、自分でやります！」

困った顔をするマミにカミソリをわたした。

「あっち向いててや！」

見ていたかったが、しかたなく狭いバスタブの中で反対側を向いていた。

「できました」

マミの言葉に振り向くと、完璧なパイパンへと変貌していた。それでも、わずかに
黒っぽい剃り跡は残っている。

ぷっくりとした恥丘。その下側からちょっと食いこむようにはじまる谷間……。

とてもかわいい。

うれしさのあまり顔を近づけようとすると、

「そないに見たらあかん！」

瞬時に両手で隠された。

「せっかくだから、ちょっとだけ」

「ああ、すごいエッチな目」

「エッチなんだからしかたないじゃん。だって、マミがかわいいんだもん」

「もう、おにいちゃんったらぁ」

とがらせた唇にキスをし、ソバージュの髪を片側によせて首すじに唇を移動させる。

「ふぅ、あぁん」

雅美が体を震わせる。

左手はそのまま下って彼女の小さな右胸をソフトにまさぐる。

乳房の上部は反って下部にわずかなふくらみがある。ツンと上を向いた乳首。

手のひらで触れるか触れないかのタッチで乳首を転がしながら、もう片方の乳首をレロレロと舐める。

「これ以上はあかんて！」

マミはコンプレックスがあるのか、ふだんから胸はあまり触らせてくれない。

胸はあきらめ、右手をさらに下に進める。

「おお、ツルツルだぁ」

「おにいちゃんのせいやからっ……」

中指を滑らせるように割れ目に落とし、そのままグイっと急上昇。ヌルンとした感触が中指を悦《よろこ》ばせる。

「あれ……ヌルヌルしてるよ」

「き、気のせいやない？」

マミが強がるので、彼女の体内に侵入した中指を小刻みに動かしてやる。

「あぁッ！」

「大声出したら、隣に聞こえちゃうよ」

そう言うと、マミはいつもわざと声を大きくあげていじわるする。

「おにいちゃん、遊んで……」

「遊んで」は「セックスしよう」という彼女の言いかただった。

処女から開発されて、感じかたもよくなり、やりたい時期になっていたのだろう。

「パクパクしてから」

ひざまずいて恥丘に顔をうずめる。

「ツルツルで気持ちいい」

マミの片脚を持ちあげてバスタブの縁に乗せ、下から舐める。足下にされた下僕のような姿だ。

「ね、まるで女王様みたいでいいでしょ」

「知らんわ」

ジャリジャリせずに襞を舐められる。滴るほどの愛液を久しぶりに貪る。むわっとした女の匂いが鼻先にまつわりつく。

「あぁっ」

「すんごいおいしいよ、マミのお汁」

両手の指で割れ目を開き、ツボミをむくと、憧れの肉芽が充血した顔をのぞかせる。

そこに舌を持っていき、レロレロ。

「剃ったら、サネ、探しやすくなった」

「そないに……毛ぇ濃くなかったやろ……」

ブルッと体を震わせたマミは、

「もうあかん！」

と、手で股間を覆い隠した。

クンニができなくなったので、バス縁に乗せたままの脚を責めることにする。日焼けしたスネから上に向かうにつれて白みを増す肌。血管が青く透けて見える内モモ。かつて妄想したようにしゃぶりまくった。

「早くぅ」

私の勃起を握り、自分の中に収めようとする。

いつもは絶対にスキンをつけていたのだが、この日は取りに行けず、立ちバックで生イン。

マミの体内は温かかった。互いの粘膜が触れ合う。にゅるんとした滑りのよさと、締めつけが繊細に感じ取れた。

右手を前にまわして、割れ目から顔を出した肉芽をコチョコチョしてやると、指の動きに合わせてビクンビクンと体を震わせ、キュッと締めつけてくる。

「ああぁっ、おにいちゃん、おにいちゃんっ」

バスルームに声が響く。

「マミ、気持ちいいよ」

このままでは中に出てしまう。グイッと引き抜いた瞬間、雅美の背に向かってビュビュッと白濁液が飛び散った。

「あっ、ピュッって出たぁ」

嬉々《きき》として、雅美が叫ぶ。

「なんかビクビク動いてはるぅ」

ついさっきまで「あんあん」言って腰を動かしていた自分を棚に上げ、ひと仕事終えたチ×ポを眺めて楽しんでいる。

「今度はおにいちゃんの剃らせて」

カミソリを持って、口角を上げる。

「それだけは勘弁して！」

「ずるい」

あわててバスルームから逃げ出し、難を逃れる。

夏の週末、社員全員で海へ一泊二日のクルーザー遊びに出かけた。もちろん、マミも私の彼女ということで同伴させた。

だが帰ってから、雅美が口をとがらせた。

「女性の社員さんたちとお風呂入るとき、毛ぇないのんを見られるんやないかてめっちゃ恥ずかしかったわ！」

そのままパイパンをつづけてほしかったが、手入れが面倒らしく、結局ひと夏限りになってしまった。

そのうえ毛が生えそろうまで恥ずかしいと、エッチもしばらく厳禁にされてしまったのである。

街のアイドルと一発！——神奈川県・会社員・五十八歳

いまから十三年ほど前のお話になります。いろいろな事情で離婚した僕は、うるさい女から解放された安堵感から、毎日のように飲み歩いていました。

最寄り駅の南口を出ると短い商店街があり、そこから枝分かれするようにして、こぢんまりとした飲み屋街があります。

そのいちばん奥まったところに「ＳＥＩＫＯ」というスナックがあって、当時よく通ったものです。

ここのママは僕より少し年下なのですが、小柄で色白。肌もツヤツヤとしていて張りもあり、ひとまわり以上も若く見える、とてもかわいらしい人でした。

昔からアイドル歌手の松田聖子《まつだせいこ》の大ファンだったそうで、店の名前もそこから採ったものです。

店内には聖子ちゃんのポスターがベタベタと張られ、レコードジャケットやグッズが所狭しと並んでいます。

さすがに髪型は聖子ちゃんカットではありませんが、歌もうまく、声も似ていて、ヒラヒラのスカートをなびかせて歌う聖子ちゃんメドレーは絶品。いつも聴きほれていました。

僕は聖子ちゃんと同じ学年だし、常連客もだいたいみんな同世代です。ママに合わせて、聖子ちゃんのヒット曲をみんなで歌っていると、なんだかあのころにタイムスリップして心が和むような、そんな楽しい時間だったのです。

「ああ、ママと一発ヤリてぇよなぁ」

ママがちょっと近所のコンビニに買い物に行ったとき、そう言い出した客がいました。

「ばか、俺たちなんて相手してくれるかよ」

「それよりママは、みんなのアイドルなんだかんな。手を出すやつがいたら、承知しねぇからなっ！」

みんな勝手なことを言い合っていますが、僕もママに惚《ほ》れていました。一度でいいからデートしてみたい……なんて、いつもアパートの万年床の上で妄想し、悶々《もんもん》としていたものです。

ある日のこと、急に出張することになり、その準備のため早めに退社してきました。するとと、近くの病院から出てきたママと、ばったり会ったのです。

「あれっ、どうかしたの、ママ」

「やだっ、ヤバいとこ見られちゃった」

最近なかなか疲れが取れなくて、体がずっとだるいので点滴を打ってきたのだそう。

「やっぱ、年なのかしらねぇ。なかなかお酒が抜けなくなったの。体も節々が痛いしさ」

そういえば、最近お店も休みがちでした。

「ごめんね。だからさ、しばらくお店閉めようかって思ってるの」

見た目は若くても、もう四十を越しているのです。更年期障害というやつでしょうか。

「それにしても今日は早いのね。どうしたの？」

ママが僕にたずねました。

「うん、明日、急に福岡出張になってね。これから旅の支度」

「福岡……まぁ、聖子ちゃんの地元じゃない。いいなぁ。じつはあたし、まだ福岡って行ったことないのよねぇ」

「じゃ、いっしょについて来る？　あはは。冗談、冗談」

とっさに出た本音ですが、冗談にしてごまかしたのでした。

すると一瞬黙りこんでから、ママが真顔でつぶやいたのです。

「行こうかな……あたし」

まさかまさかの言葉でした。まさに青天の霹靂《へきれき》。僕は自分の耳を疑ったほどです。

「旅なんて何年もしてないし、こんなときじゃないと行けないしさ。おジャマじゃなかったら、ついてってもいい？」

ジャマなはずがありません。

「大歓迎だよ。福岡は食べ物がおいしいし、温泉もあるんだ。思いっきり楽しんでこようよ」

翌日の早朝、ママが飛行機が嫌いだと言うので、新幹線で博多《はかた》へ向かいました。

僕の肩に頭を預け、スヤスヤと眠っている彼女を見ていると、なんだか夢の中にいるみたいです。

いま、僕はママとふたりっきりなんだぜ。ママを独り占めしてるんだぜ。ママに惚れている常連客たちの顔を思い浮かべながら、心の中でガッツポーズをしていました。

会社が取ってくれたホテルには空きがなかったので、近くのビジネスホテルに彼女を預けて、僕はひとりで仕事に向かいます。

夕方、先方の会社の飲み会の誘いを体よく断り、ママと合流しました。

九州一の大歓楽街、中洲《なかす》の街を闊歩《かっぽ》し、飲んで食べて、本当に楽しい時間を過ごしました。

最後は名物の屋台でラーメンを食べて締め、ママをホテルに送ります。せっかくだからと有給を二日取ってきたのです。ここはガツガツせず、じっくりと攻める作戦なのです。

翌朝、天神《てんじん》から西鉄《にしてつ》電車に乗り、ママの希望で久留米《くるめ》市にやってきました。

「ここが、聖子ちゃんが生まれ育った久留米なのね。大きいけど、なんだか静かな街ね」

久留米市は人口約三十万人。街中を大きな筑後川《ちくごがわ》が流れ、大分、熊本、佐賀、長崎を結ぶ交通の要所として昔から栄えてきたところです。世界的タイヤメーカーB社の発祥の地で、チェッカーズや吉田羊《よしだよう》さんなど、たくさんのタレントも輩出しています。六ツ門《むつもん》の大きな商店街を手をつないで歩いていると、高校生に戻ったような気がしてきました。

明治時代に活躍した久留米出身の洋画家・青木繁《あおきしげる》や坂本繁二郎《さかもとはんじろう》などの作品を展示してある石橋《いしばし》美術館などを見学したりして、一日を過ごしたのです。

「今夜は宿を予約してるんだけど……いい?」

そう言うと、少し赤い顔をした彼女がうん、と、うなずきました。

またもや、心の中でガッツポーズ!

夕方、久留米から少し大分方面にある原鶴《はらづる》温泉郷へ向かいました。博多の奥座敷とも呼ばれているそうで、老舗《しにせ》の温泉旅館が並んでいます。

「すっごい。素敵なところじゃないのぉ」

ちょっと奮発して取った、いい宿なのです。部屋はひとつひとつが独立した離れで、それぞれに露天風呂がついているので、仲居さん以外の人とはいっさい会うことなく、ゆったりと過ごすことができます。

「疲れたでしょ、先にお風呂入ってくれば？」

ひとりで湯船に浸《つ》かっているママの姿を想像しながら、僕は興奮を抑えるのに必死でした。

すぐ横を流れる筑後川で獲れた川魚や九州のブランド牛を調理した食事はどれもとてもおいしく、また地元で作られるお酒も最高で、心から満足しました。

「それでは、ごゆっくりお休みくださいませ」

仲居さんが布団をふた組敷いて出ていくと、食事中のあの楽しい雰囲気が雲散し、部屋の中に静寂が舞い降りてきました。

「じゃ、じゃあ、ぼ、僕も風呂に入ってくるよ」

岩風呂の中に身を沈め、これから訪れるはずのママとの営みを考えていると、下半身が疼《うず》いてきます。

まずはキスをしよう。そして浴衣の帯を解《ほど》きながら胸を取り出して、乳首を愛撫《あいぶ》して、そしてアソコを……。

ふと二十歳のころを思い出しました。つき合っていた彼女とはじめてラブホテルに入ったものの、なにもわからない童貞少年の哀しさ。トイレの中で戦略を練って、女体に挑んでいったものです。

そうこう考えていると、恥ずかしながらもう完全に勃起してしまいました。と、そのときです。なんとママが、胸と下半身をタオルで隠しながら、入ってきたではありませんか。

「いっしょに入ってもいい?」

彼女をうしろから抱きしめるようにして、湯に浸かります。

「今日は本当に楽しかった。聖子ちゃんの地元を歩けたし、おいしいものいっぱい食べたし……一生忘れないよ、ありがとね」

僕の硬いモノが彼女の背中に当たっているのには、とうぜん気づいているのでしょうが、なにも言いません。

「あいつら、きっとくやしがるだろうな、僕がこうしてママを独占してること知ったら」

「うふふっ。アイドルの熱愛発覚、て感じ?」

そう言うと、ママはうしろに手をまわしてきて、僕の股間をキュッと握ってきたのです。

「あたし、ホントに久しぶりなの。じつを言うとね、さっきから、なんだかすっごく興奮しててさ」

そして僕の勃起をしごきながら、首をひねり、キスをしてきたのです。

はじめて来たあこがれの聖子ちゃんの地元……そんな体験が心のテンションを上げているのでしょうか。僕も一気にスイッチが入り、ママの舌を激しく啜《すす》りながら、小ぶりの胸を揉《も》んだのです。そして、すでに硬くなっている乳首を舐《な》め、甘噛《あまが》みしました。

「ああっ、いいっ、すごく感じるっ」

はぁはぁと、だんだん息遣いが荒くなってきていました。

「ねぇ、ここに座って」

促され、僕が岩の縁に腰を下ろすと、宙に向かってビクンビクンと跳ねている赤黒い肉塊をパクッと咥《くわ》えてくれました。

ジュボッ、ジュボッ。

淫らな音をたてながら、ママの頭が前後しています。舌をチロチロと動かしてカリの裏側を舐め、玉袋を揉み、竿《さお》の横をくすぐったかと思うと、またも亀頭を口に含み、しゃぶりはじめるのです。

そのあまりの快感に、僕はもう危うく発射しそうになってしまいました。

「ダメだよ、出ちゃうよ。ねぇ、布団に行こう。今度は僕がしてあげる」

布団の上に横たわった彼女の上に覆いかぶさり、またキスをします。

首すじから脇腹、乳房と愛撫しながらだんだんと下を目指していくと、こんもりと盛りあがった、いわゆる盛りマンにたどり着きました。

細く黒い陰毛が申しわけ程度に生えているだけなので、その下のぶよぶよとした赤い肉の亀裂がはっきりと見て取れます。

「いやっ、気持ちいいっ。もっといっぱい舐めてぇ」

その谷の中に舌を潜りこませ、鼻先で小粒の赤いお豆さんを刺激してあげると、ママは腰をクネクネとくねらせながら、僕にそこの部分を押しつけてくるのです。

豆はすぐに大きくふくらんできたので、今度はそこを集中的に攻撃します。

「ああっ、ダメっ。いやぁ」

ママの体がとつぜん小刻みに震えたかと思うと、すぐに力が抜けたようになり、崩れ落ちてしまいました。

「ねぇ、早く、早く入れてぇ。お願いっ」

激しい息遣いのママが、僕の股間をつかみ、自分の股間へ持っていこうとしました。

僕はママの太ももをさらに大きくひろげ、すでに痛いくらいにビンビンに硬くなっている肉茎を赤い亀裂に押し当て、そして一気に刺し貫いていきました。

「あぁ、気持ちいいっ」

膣壁の中の気持ちいい部分に僕のモノを擦《こす》りつけたいのでしょうか、体をくねくねと躍らせています。

これって、本当は夢じゃないのか？

彼女のオッパイを揉みながらも、僕の目はさまよっています。

色白の肌は赤く上気し、かわいい顔はゆがみ、もだえていました。

「今度はうしろからして」

ママはそう言うと、両手をついて、お尻をこちらに向けました。ドロドロとした淫液が、その赤黒い肉の亀裂にまつわりついているのが見えます。僕はママの小さくまるいお尻をぐっとつかみ、その中へグググッと挿しこんでいきました。

「ううっ、くくっ……あああっ」

「ああっ、ママ、すごい熱いよっ。中がすごいことになってるっ」

熱に侵されたやわらかな触手が、僕のモノをきつく挟みこんでいるのです。出し入れをするたびに、それが亀頭の薄皮を刺激してきます。僕はこれまでに感じたことのないような愉悦の境地にいました。

ぬちゃっぬちゃっ。

濁音がいやらしく響きます。ママの中は洪水のようにローションであふれ、ポタポタと布団の上に落ちるのです。

まさか、みんなのアイドルの彼女が、こんなに積極的な人だとはこれまで思ったことはありませんでした。

「ああ、ダメっ、イクッ、イッちゃうっ」

「僕も、もうイクよぉ。ああっ」

もしかしたら避妊具を突き破って、子宮の奥まで達してしまうのではないか……。

まさにそんな勢いで大量の精液が飛び出してきたのでありました。

「しばらくお休みしたら、また店開けるから、みんなで飲みに来てね」

そう言っていたママでしたが、田舎に帰ったきり、ついに戻ることもなく、気がついたらいつの間にか店もなくなっていました。

悪かった体調がさらに悪化し、街のアイドルを引退したのかもしれないと思うと心配。元気で過ごしていることを祈るばかりです。

獣にめざめた夜

奈良県・会社員・六十歳

「どうだ。こんなとこへ来るのは、はじめてだろ。気に入ったか」

兄いはうまそうに、缶ビールを飲みほした。

「きょろきょろせずに、落ちついてろ」

俺は安物のパイプ椅子に座りなおし、深呼吸してみた。ミシミシと油切れの音が、落ちつかない気持ちにさせる。

ミュージックホールとはいっても、うちの工場よりはるかに狭い。お世辞にも、健全な雰囲気とは言いがたい空気に満ちている。

鉛筆のようにとがった感じやら、はげ頭から皮脂をしたたらせているようなおやじまで、目を血走らせたような男たちばかりだ。

「兄いはここへ何度も？」

俺の質問に彼は答えない。にやにや笑っているだけだ。

「はじまり、はじまり」

兄いが俺の肩をこづいた。

これだけは立派な緞帳《どんちょう》が上がるとともに、踊り子が現れた。

「兄いって、意外と好き者なんだね」

「生意気なこと、言うんじゃねぇ。おまえがかわいそうだから、連れてきてやったんじゃねえか」

兄いがニッと笑った。

そのころ、俺は二十三歳。大阪東部の小さな金属工場に住みこみで働いていたのだが、失敗ばかりで周囲に迷惑をかけていた。

そんなある日、隠し持っていたエロ本を兄いに見つかってしまったことがあった。

俺の部屋をたずねてきた兄いが、建てつけの悪いドアを思いっきり開けた拍子に押入のふすまがはずれ、エロ本の山がドサッと飛び出したのである。

「こんなことだと思ったよ。よし、今度いいところへ連れていってやる」

そんな顚末《てんまつ》で俺は、ミュージックホールへ初お目見えしたというわけだ。

人いきれでムンムンしている観客席に、待ちわびたかのような、どよめきが起こった。舞台の袖から登場してきたのは、三十歳くらいと思《おぼ》しき、大柄で痩《や》せぎすの踊り子だった。妖しげな音楽に合わせ、観客をじらすようにドレスを脱ぎはじめる。

「なあ、いい女だろ」

兄いは上機嫌だった。

踊り子が淡々と素っ裸になっていく過程を、俺は夢中で目で追った。

兄いがふざけて俺の顔の前へ片手をかざし、見るのを邪魔した。俺はそれを無意識に振り払ったが、兄いは怒りもせずに、低い声で笑った。

周囲の男たちは腕を組んで踊り子に見入ったまま、微動だにしない。

全裸になった踊り子が、背伸びをするかのようなポーズをとった。

とうぜん俺は、性器に目を凝らしたが、照明の加減か、憧れのものを、はっきりとは見ることができなかった。

舞台は、そろそろクライマックス。踊り子が飾りたてた椅子にまたがり、ゆっくりと股を開いた。陰裂があらわになる。

俺は、はじめて目にする恋いこがれた部分を食い入るように見つめた。

踊り子が満面の笑顔で客席に手を振り、緞帳が下りた。

休憩をはさんで、最初の子のほかに踊り子がふたり出演したが、俺は最初の女以外は、目に入らなかった。


「おい、大丈夫か」

翌日、兄いはニヤニヤしながら俺を見た。昨夜の反応を確かめたかったのだろう。

「おまえにはちょっと刺激が強すぎたかな。いけねぇ。仕事だ」

兄いは機械の電源を入れる支度をした。

「ほら、ぼんやりしてると両腕を飛ばしちまうぞ」

「あ……はい」

大きなしくじりはなかったものの、翌日の仕事は手につかなかった。

兄いは社長に謝っているようだった。俺の教育担当は兄いだから、なにからなにまで社長に報告しているのだ。

「おまえ、病みつきになっちゃいけねえぞ」

「……はあ」

まだ、うわの空だった。

「次の給料もらったら、ひとりで行ってきます」

蛍光灯の白い光だけがまぶしい。

鉄くずが散乱した油の重いにおいのする作業場は、昨夜のホールを思い出させた。些細《ささい》なミスが命取りになる作業現場と、好奇にみちた楽園が、案外似ているのが不思議だった。

寮に住んでいるとは言っても、常に監視されているわけではない。

今晩、兄いは近所の工場で働く友達と飲みに行く予定だ。俺は終業時刻を待った。

どうしても、もう一度、あの踊り子を見たい。

工場からふた駅向こうの町まで、誰にも見つからずに行けた。陽《ひ》が落ちてしばらくたつが、もうすぐ夏至だからまだまだ明るい。

劇場に到着。だが、ひとりで切符を買う勇気はどうしても出なかった。前を通りすぎては戻ったりを繰り返す。

明日は休日だ。このままミナミでもキタでも行くことはできるが、ここをぶらついてから寮へ戻ろうと思った。本屋で興味のわかない雑誌を立ち読みしてから、喫茶店へ入った。

大通りぞいの店なのに、繁盛している気配はなく、客の姿もまばらだ。

ふと、奥の喫煙席のほうからの視線を感じた。ジーンズとTシャツ姿の女が、こちらを見ている。

俺と目が合うと、女がぴょこんと頭をさげた。俺もおなじように返す。

「昨日はどうも」

後手に喫煙席のドアを締めながら、彼女は俺に微笑《ほほえ》みかけた。

なんと、俺が見たかった、あの踊り子である。

「あの、えっと……」

しどろもどろになってしまい、言葉がつづかない。

昨夜の派手なドレスとは違い、今日は地味なジーンズ姿。ストリップ嬢とは、とても思えない。

「昨夜は熱心に見てくれてたわよね」

「あ……ええ」

どんな表情をしていいかわからない。恥ずかしいやら気まずいやらで、体中から汗が噴き出した。

彼女は悪びれることもなく、堂々としている。

「ひとりなの？　ここへかけてもいい」

彼女は強引に俺の隣に座った。

「私はみゆき、よろしくね」

「あ、こちらこそ」

舞いあがってしまい、俺はまともな返事もできない。

「さ、昨夜は職場の先輩と……」

「いやいや連れてこられたっていうわけ」

「そんなことないよ」

「ほんと？」

彼女は声をあげて笑ったが、見かけよりも幼い声なのが好ましい。もっとハスッパな、ガラガラ声かと思っていたのだ。

話が弾み、またたく間に時間が経《た》った。いつの間にか、客は彼女と俺のふたりきりになっている。

時計を見ると、すでに日付が変わっていた。

「いけない。電車がない」

一時間以上かかってしまうが、徒歩で寮まで帰るしかなさそうだ。

「もう帰ります」

みゆきさんも時計を見た。

「えっ、もうこんな時間なの」

俺は慌ただしく席を立った。

「ありがとう」

支払いをすませ、ドアを開けたとき、

「ちょっと待って」

みゆきさんが俺を呼び止めた。

「いやじゃなかったら、私のとこへ来ない？　ほかにだれもいないし」

「……え」

「いいでしょ、まだまだ話したいこともあるし」

俺は寮住まいだし、みゆきさんは踊り子としてあちこちに行く。転々として一所不住である。不安定な心情を持つものどうしで、意気投合したのかもしれない。

俺の肩を押すように、みゆきさんはアーケードの向こう側の小さなマンションへ俺を連れこんだ。

「こんなに近いとこに住んでたの？」

「ええ。ロケーションは最高でしょ。仕事場にも駅にも近いから、気に入ってるの。ひと月たらずの仮の宿としては最高よ」

そうは言うものの、部屋の中にはキャスターつきの赤いボストンバッグがぽつんと置かれているだけだ。彼女の孤独を見ているようで、せつなくなった。

みゆきさんが冷蔵庫から出した缶ビールで乾杯する。

あのけばけばしい光の中で、挑発するように全裸になっていったのは、本当に目の前にいる、この女なのだろうか。

「じろじろ見んなよ」

みゆきさんが急に品のない言葉を使った。

「すみません」

思わず謝った。

「私から誘ったのに、ひどいこと言ってしまったわね」

みゆきさんの顔色はよくなかった。喫茶店で話していたときより、すぐれない。

「帰ります。ゆっくり眠ってください」

駅までいけばベンチもあり、そこで朝まで過ごすつもりだった。

こういった女はどんなところで暮らしているのだろうという興味もあって、のこのこついてきた自分が悪かったのだ。

うしろを振り返ると、みゆきさんはベッドに腰かけて缶ビールを飲んでいた。

商店街は静まりかえり、外の空気はひんやりと気持ちいい。

みゆきさんの部屋から飛び出した寂しい気持ちはあったものの、同時に爽快さも感じた。

駅前の大通りにも、昼間と違って自動車や人影がまったくない。

歩道にある花壇の石垣に身を横たえた。このまま朝まで時間をつぶすしかない。腕時計を見るのも億劫《おっくう》になり、俺は眠りこんでしまった。

「見つけた。遠くへ行ってなくてよかった」

みゆきさんが、上から俺の顔をのぞきこんでいだ。

「戻りましょ。電車の時間はまだまだよ」

みゆきさんは俺の手を取って、自分の部屋へ連れ戻した。

「さっきは気を悪くした？」

俺をソファに座らせ、彼女がすりよってきた。石鹼《せっけん》のいい香りがした。

「そんなことない」

そう返すと、みゆきさんは俺の手を取り、自分の胸へ持っていった。Tシャツの下に息づいていた大きな胸のふくらみは、やわらかくて温かかった。

「こんなこと、したこと、ある」

「いや、ない……」

「はじめての体験ね」

みゆきさんがやさしく微笑んだ。

「やさしく揉《も》んでみて」

促されて、Tシャツの上から、こわごわ乳房をまさぐる。こんなことをするのは、はじめてのことだ。

「もうちょっと強く、怖がらなくていいから」

弱強のリズムをつけながら、揉んでみた。

「ああ、気持ちいい」

そう言いながら、みゆきさんは人さし指でズボンの上から俺の股間にぐるぐると円を描いた。

「おもしろいわね。別の生き物がズボンの中にいるみたい」

みゆきさんは俺の前にひざまずくと、勃起を引っぱり出して口に含んだ。

異常な感触が全身を包む。

「あああ」

生まれてはじめての快感で、俺は獣のような声をあげ、数秒ももたずに射精してしまった。

「刺激が強すぎたかな」

みゆきさんは口もとをぬぐいながら微笑んだ。

部屋に満ちた精液のにおいに俺は吐き気をもよおしたが、彼女は平気みたいだった。

「夜はまだはじまったばかりよ」

奥にあるベッドに移動すると、俺はみゆきさんの上にまたがり、彼女のTシャツとジーンズを夢中ではぎ取った。

「あのお、言いにくいんだけど……」

陰裂を見せてくれるようお願いし、顔中を愛液まみれにしながら、陰裂を舌でもてあそんだ。

「はあん、あああん」

みゆきさんは、俺の存在を忘れたように深く目をつぶり、快楽に身を任せているようだった。

「もう来て」

俺は彼女におおいかぶさり、挿入しようとしたが、うまくいかない。焦れば焦るほど、違うところをつついてしまう。

「ちょっと待って」

みゆきさんが勃起に手をそえて、リードしてくれた。そのおかげで、俺は初体験を無事にすませることができたのだった。

もっとも、二こすり半であっけなく放出してしまったのだが……。


「どうだ。夕べは楽しかったか？」

翌日、寮へ戻ると、さっそく兄いが俺の部屋へやってきた。昨夜、俺がミュージックホールへ向かったことに気づいていたようだ。

「じつは……」

俺は観念して、ことの顚末を正直に話した。

「そうか。よかったな」

ニヤリと笑いながら、兄いが俺の頭をこづいた。

だが、次に行ったときは、もう舞台の上に彼女の姿はなかった。

闇スワップ

兵庫県・会社員・四十二歳

私の大好物は大きくてまるいお尻。そのおいしそうなお尻を持っていたのが、寛子《ひろこ》さんである。彼女の大きなお尻の肉を鷲《わし》づかみにして頬ずりしたいと、私はいつも妄想していた。

妻の妙子《たえこ》と寛子さんはママさんバレーのチームメイトで同い年。大の仲よしだった。マッチ箱の我が家とは対照的な邸宅に住む寛子さんは二匹の犬を飼っていて、犬好きの娘たちは毎日のように二軒隣の寛子さん宅にお邪魔して犬と遊ばせてもらっていた。

次女が小学校二年生の夏、妻が怪我《けが》をして一週間入院することになった。心配した寛子さんが病院に駆けつけてくれ、なにやら妻と話をしていたのだが……。

「パパ、明日から夕飯は寛子の家で食べさせてもらって」

妻が私に顔を向けた。

「……だけど、ご主人が迷惑するやろ」

「いえ、うちの主人はイギリス出張中だから、大丈夫なんです」

妻と寛子さんの決めたことに私が反論する余地はなく、その夜から娘ふたりと私は寛子さん宅で夕飯をご馳走《ちそう》になった。

二日目の夕食後のこと。

「朝もたいへんでしょ。ミーちゃんたちに戸締まりさせて学校に行かせるんですか」

寛子さんが言った。

「ええ、心配だけどね」

「じゃ、うちに泊まったら？」

娘たちは犬と遊べるとあって大喜びである。

「決まり！　着がえを取ってきたら？」

「じゃ、おまえたちの着がえを取りに行こうか」

「おまえたちのって、パパもよ」

寛子さんが私を見た。

「ええっ、俺も?」

「明日、妙子に言っておくから」

「いいのかなぁ」

「なにか不都合ある? パパがいたら用心棒になるし、安心だしね」

娘たちと着がえを取りに行った。娘たちはリュックに着がえを入れ、まるで遠足のようにはしゃいでいた。

子供たちが寝たあと、ビールを飲みながら寛子さんと世間話をした。

「この匂いはシャネル?」

香水がよい匂いだったので、ブランド名を適当に言ってみた。

「シャネルじゃないけど、そんなことに気づくなんてやさしいですね」

寛子さんが微笑《ほほえ》んだ。

やさしくもなく、女心をくすぐったわけでもない。寛子さんのお尻もこんな匂いがするのだろうか……とスケベ心が出ただけのことだったが、寛子さんにはうれしい言葉だったようだ。

酔いもまわり、夫婦の話になった。

ご主人が浮気をしていて三年ほど没交渉だという。

こんな素敵な奥さんがいるのに、浮気するかなぁ。私なら毎日お尻に頬ずりするけれど……。

「ご主人とうまくいってないんじゃ、寂しいね」

「ううん。子供と犬がいるから」

「子供と犬じゃあな」

「じゃ、猫を飼おうかな」

「猫より、俺のほうが役に立つぞ」

私はジョーク半分、本音半分で言ってみた。

「え、なんの役に?」

「なにかと」

「あっ、妙子に言いつけようかな」

「なんて?」

「猫のかわりにパパを飼ってもいいって……」

「寛子ならいいよォ」

私はとっさに妙子の口調で答えた。

「うわ、おもしろい人ですね」

「ご主人、寛子さんを借りてもいいかなぁ」

「いいぞォ」

今度は寛子さんが低い声で答えた。

「よっしゃ、任しとき！」

引きよせてキスすると、姉御肌の寛子さんが少女になった。

こんな展開はまったく想像していなかったが、冗談ですませるわけにはいかない。

キスしながら服の上から胸をいじってみたが、寛子さんは拒否しない。

スカートの中に手を入れ、太ももを触ってみる。やはりなにも言わない。

ならばとパンティーの上から割れ目をなぞる。

「ここじゃ、ダメです」

「チビさんたちは寝てるぞ」

「私の部屋に……」

間男のような気分で寛子さんのあとを追い、部屋に入った。

寛子さんのお尻はスカート越しに見るよりも大きく、まんまるだった。暗くてよく見えないが、念願だったお尻を鷲づかみにして揺すったり左右にひろげたり。そのうえ、ペチペチとたたいて遊ばせてもらう。

「お尻、好きなんですか？」

「じつは前からこのお尻に憧れてたんだ」

「え、私のお尻に？」

「いつかはこんなことをしたいなぁってね」

尻を舐《な》めまわした。味などないはずなのに、とてもおいしく感じた。つづいて尻肉をひろげ、肛門を舐める。

「あ、そんなとこはダメ」

お尻の穴もおいしかった。しわの一本一本に舌をねじこむようにして舐めると、寛子さんの体がときおりピクッとした。

さんざん舐めたあと、仰向けにしてクリトリスを舐める。三年もセックスレスだったからか、天津飯《テンシンハン》の餡《あん》のようなドロドロしたラブジュースがあふれてきた。

痛いほど硬くなったペニスを突きたててゆく。

喜ばせたい一心で突きまくったかいあって、寛子さんはすぐに絶頂を迎えた。

「ああっ、イクッ、うう、イクッ」

「ああ、出るっ」

私も我慢できなくなり、寛子さんのおなかの上に人生で最大量と思うほどの精液を飛び散らせた。

ティッシュで寛子さんのおなかを拭いてあげる。

「中でもよかったのに」

「えっ、中のほうがよかった？」

「そうですね。女ですからね」

寛子さんは避妊リングをしていたとのこと。先に聞いておくべきだった。

「でも、すごいですね」

「合格かな」

そう訊《き》くと、寛子さんは二、三度首を縦に振った。

うれしくなり、娘たちが眠る部屋に戻ってかわいい寝顔を見ながら眠った。

翌朝、寛子さんはなにごともなかったかのように振る舞い、私もなにもなかったように出勤した。

その日も子供たちが寝たあと、ビールで乾杯し、世間話をした。今日もお尻で遊ばせてくれるだろうか。

「妙子ォ、寛子さんのお尻に頬ずりしてもいいかぁ。寛子ならいいよォ」

妙子に問いかけて、妙子の声で返事をする。

「えっ、今日も⁉」

寛子さんは驚いて私を見た。

「僕は毎日でもいいよ」

「ま、妙子がそう言うんならいいけどね」

そう言ってから、寛子さんも妙子に話しかけ、返事をする。

「妙子ォ、パパを借りるよォ。いいよォ」

寛子さんのクリトリスが昨夜よりも腫れているような気がした。ラブジュースも多い。そのうえ、割れ目全体がふくらんでいる。

私の気のせいではなかったようで、クリトリスを舐めただけで、寛子さんは一回目の絶頂を迎えた。

「入れるよ」

「はい」

横臥位《おうがい》でつながり、バックから大きなお尻を見ながら打ちつける。

「中に出すよ」

「はい。ああぁっ、ううぅ、グウウゥ」

ほとんど同時に果てた。

「エッチの火がついてしもうたよ」

乱れた呼吸の中で、寛子さんにささやく。

「それは私のほうですよ。せっかく忘れてたのにぃ」

寛子さんが俯《うつぶ》せのままポツリと言った。

ま、ふたりに火がついたなら、ふたりで消せばいい。

「寛子さんの火は、俺が消火するよ」

「妙子に悪いけど、火消しお願いしようかな」

うれしくてニヤニヤしながら子供たちの眠る部屋に戻り、そっとささやいた。

「おまえたちも楽しいだろうが、パパも楽しい」

そして、次の夜も妙子さんのベッドをギシギシと軋《きし》ませた。

「三日もつづけてできるなんて、すごいですね」

「寛子さんとなら、毎日でも大丈夫」

「でも、明日は妙子の退院だから、今日が最後ですね」

「もうちょっと入院してくれんかな」

その夜は寛子さんが積極的。ペニスを握って硬さを確かめるようにしごき、竿《さお》や玉も舐めてくれた。

私も入念に舐めた。アヌスやクリトリスや尿道口にも舌を伸ばした。

そして寛子さんが私にまたがって、騎乗位で腰を振った。この体位が好きなのか、長い時間その姿勢をつづけた。そのあと寛子さんをうしろから思いきり突き、ありったけの精液を寛子さんの中に吐き出した。

「今日が最後ってのも寂しいな」

「明日は荷物を持って帰るでしょ」

「これからも会えないかな」

「私はいいけど」

都合のよい日を連絡し合うことにして、娘たちの眠る部屋に戻った。スヤスヤ眠る娘たちにささやいて寝る。

「ママにはないしょだぞ」

翌日、会社を休み、娘たちの登校を見送った。妙子の退院は午後からなので、時間はある。

「なあ、もう一度、お尻を見たいな」

「え！　昨日、見たじゃないですか」

「今日はまだ見てない」

「元気ですねぇ」

「寛子さんのおかげで若さを取り戻したよ」

「困った人です」

そう言う寛子さんを抱きよせて、キスをした。

「部屋に行こうか」

寛子さんはこっくりうなずき、二階に上がる。

ふたりともさっさと服を脱ぎ、ベッドに倒れこんだ。明るい室内で見る寛子さんのお尻は光り輝いていた。

昨夜のつづきのように寛子さんは積極的だった。味わうかのように、玉や竿を長い間舐めてくれた。

お返しに私も長い間舐めたあと、正常位や側位や騎乗位でつながり、最後はうしろから突いた。

大きなお尻の肉が波打つのが見えた。寛子さんは二、三度アクメに達しており、私も射精間近だった。

「なあ、射精したら舐めてくれないか」

そう頼むと、寛子さんはベッドに頭をつけたまま、うなずいた。

「イクぞ、イクッ、ングゥ」

奥深くへ射精し、ペニスがまだピクピクしている間に寛子さんがクルッと向きを変え、精液と愛液でぬらぬらのペニスを咥《くわ》えてくれた。

尿道に残る精液を吸い出し、亀頭をきれいに舐めてくれる。

寛子さんの口から解放されたペニスは萎えず、寛子さんを仰向けにして、ふたたび膣に挿しこんで、寛子さんの汚れている口にキスをした。

不思議なことに寛子さんの口にある自分の精液を舐める違和感もなく、愛欲に溺れるふしだらな楽しさがあった。

「火がついたなんてもんじゃないですね」

「そうやな。全焼するまで消えそうにない」

その日、妻が退院し、娘たちも喜び、ケーキで退院祝いをした。

娘たちが一週間の出来事を妻に伝えている。よけいなことを言わないかとハラハラしながら聞いていたが、なにごともなくホッとした。

退院したとは言え、完治するにはしばらくリハビリが必要だ。そんなことがきっかけで、妻とはセックスレスになるだろうと考えていた。寛子さんとの楽しいセックスを知った以上、かわいそうだが、妻とのお勤めはないほうがありがたい。

妻が全快し、バレーボールの練習もできるようになった。私は寛子さんと月に二、三回デートを重ね、お互いにスケベ度が増した。電マを当てて絶叫させたり、アナルセックスもできるようになった。

「妙子とはぜんぜんですか?」

「もちろん。怪我をしてからはもうない。いまさらエッチするのも恥ずかしいしね」

「妙子がかわいそうね」

「ご主人は？」

「しないし、させない」

「ご主人、かわいそうやな」

「でもね、主人は女と切れたみたい」

「じゃあさせてやらないと、よその女を探すぞ」

「そうね。エッチな人だから」

そこまで話をして私の頭に不埒《ふらち》なことが思い浮かんだ。

「なあ、ご主人とうちの妙子を遊ばさせたら？」

「えっ、そんなこと」

「ご主人の浮気相手が、妙子なら安心やろ」

「……まあね」

「俺も妙子の不倫相手がご主人なら安心だし」

「どうするの？」

「ご主人には、イケメンだと妙子が褒めてたと」

「……で？」

「妙子には、ご主人がかわいいって褒めてたと」

寛子さんが、ご主人と妙子に吹きこむことを提案する。

「なるほど。これって、夫婦交換ですかね？」

「闇スワッピングやな」

そして、寛子さんは作戦どおりにご主人と妙子に吹きこみ、ふたりの接点ができるように動いた。

一カ月ほどたったころ、妻が女子会だと言い、昼すぎに出かけた。きっと寛子さんのご主人のペニスを舐めに行ったに違いない。

相互不倫

兵庫県・会社員・四十二歳

　いつものように寛子《ひろこ》さんのアヌスにペニスを突きたてていた。以前は、私が射精するまで痛みを我慢していた寛子さんだが、いまではアナルセックスでアクメをもぎ取る女になっている。

「ね、ちょっと待って！」

「ん？」

「まだおなかに残ってるみたい」

洗腸水がまだおなかに残っているらしく、便意があると言う。

「いいよ、このまま出しても」

「いやっ、出そう！」

無視していっそう強く突いた。漏らすまいときつく締めつけていたアヌスがゆるくなったとたん、漏れ出た洗腸水が寛子さんの大きなお尻と私の腹を濡らし、水をたたく音が響いた。

バチャバチャ。

「あああ、いやだ。ごめんなさい」

かまわずに突く。

「あっ、あっ、イクッ、イッちゃうぅ」

漏れ出た水のせいでローションが薄くなり、滑りが悪くなった。それがよかったのか、ゆるんだアヌスがちょうどよい締まりになった。

「んーん、んぐ、んぐぅ」

寛子さんは、アヌスでの快感は、膣とは違って長くつづくと言い、ずっとアクメに浸っていた。

寛子さんはしばらくイキつづけていたが、私の限界も近づいてきた。四つん這《ば》いで震わせている尻肉を見ながらラストスパートをかける。

「イクぞ。出すぞっ、ううっ」

大きなお尻をつかんで引きよせ、一ミリでも奥へと直腸の中に射精した。ペニスを抜くと同時に、残っていた水が漏れるように垂れ、放出したばかりの精液もいっしょに流れ出る。

いつもなら突っ伏して余韻を楽しむ寛子さんだが、シーツの汚れが気になるようで、お尻の穴を押さえて振り向いた。

「汚しちゃった。どうしよう……」

きれいに洗腸したあとなので、汚物は出ていない。

「濡れてるだけだ。お漏らしと同じだから大丈夫だよ」

寛子さんはアヌスを押さえたままトイレに向かい、シャワーを浴びて戻ってきた。

「ごめんなさい」

今度は私を汚したことを謝っている。

「寛子さんの水だから、きれいなもんだ。なんなら飲んでもいいぞ」

「そんなぁ、洗ってきてください」

促されて、シャワーを浴びた。

水漏れアナルセックスは刺激的だった。締まったりゆるんだりするアヌスと、そこから漏れ出た水をたたく音が卑猥《ひわい》で楽しかった。未知の領域に踏みこんだようなおもしろさがあった。

妻とは絶対にできない。不倫ならではの楽しいセックスだった。

「とんでもないことを知っちゃったみたいね」

「新しい快感を知って、お互いによかったんじゃないかな」

妻の入院中に、ふとしたことから寛子さんと関係を持って一年。快感を与え合い、奪い合っていた。

私の仕事は金、土が休みなので、寛子さんとのデートはもっぱら金曜日。いつもは私から誘うのに、珍しく寛子さんからお誘いがあった。

「妙子と主人、つき合いはじめたみたいですよ」

シャワーを終えてベッドに上がった寛子さんが、妻の話を切り出した。妻の妙子とは同い年で仲がよく、ママさんバレーや地域活動もいっしょにやっている。

「え！」

「やっぱり。まだ気づいてなかったんですね」

「う、うん」

「驚いた？」

「うん。でも、ご主人なら大事にしてくれるだろうから……寛子さんは？」

「私も妙子ならいいですよ」

じつは寛子さんに、ご主人と妻の妙子をくっつけたらどうかと提案したのは私だった。そしてご主人には、イケメンだと妙子が褒めていたと寛子さんに伝えさせ、妙子には、ご主人がかわいいと褒めていたと煽《あお》ったのである。

計画は見事に成功したようだが、正直、私の心の中は複雑だった。

「ご主人はスケベか？」

「ええ、あなたほどじゃないけど」

「だったら、妙子もうれしいだろう」

「うれしいのは主人でしょ。妙子は美人だし」

「いや、寛子さんのほうが美人だよ」

そう言って寛子さんを抱きよせ、キスをした。

「でも、こういうケースをなんと言うのかな」

「え？」

「ほら、互いの嫁と不倫し合うなんて」

「不倫ごっこ……？」

「うーん、不倫は現実の話で、ごっこじゃないしなぁ……じゃあ、もし俺と寛子さんが結婚してたらどうなる？」

「あなたが奥さんと不倫して、私が主人と不倫？」

「ややこしいけど、いまと同じか」

「そうなりますね」

「ご主人が俺たちの不倫を知ったら、どう思うかな」

勝手なことを言い合いながら、考えてもみなかった相関を客観視していた。

「ふたりがどんなエッチをするか、見てみたいな」

「気になりますか？」

「ちょっとね」

「たぶん、妙子も剃《そ》られると思いますよ」

「え、ご主人もそういう趣味あるの？」

「ええ、私も若いころから剃られてるから」

「じゃあ、俺たちみたいにふたりともつるつるに？」

「さあ……妙子のことは剃っても、主人は剃るかなぁ」

寛子さんは私のペニス周辺を撫《な》でながら言った。

「剃っていれば夫婦のセックスはできないからな。貞操帯のかわりみたいなもんだ」

「ははは、そうですね」

そんな話はどうでもよいと言わんばかりに、寛子さんがペニスを咥《くわ》えた。見事なフェラチオでたちまち硬くなる。条件反射のペニスは、寛子さんもうれしいようで、私を見て微笑《ほほえ》んだ。

「おいしいです」

寛子さんが私にまたがり、ペニスを握って膣に引き入れた。味わうかのように、前後左右に腰を揺すり、膝を立てて上下に腰を打ちつけてくる。

私は両手で寛子さんのお尻を支えて、下から突きあげてゆく。

「いやあ、だめぇ、あたるぅ、イクッ」

寛子さんが叫ぶときは、もっと突いてと言いたいのだ。容赦なく突いていると、立て膝が崩れて私の上に覆いかぶさった。

両手でお尻をひろげるようにつかんでさらに突く。悲鳴のような絶叫で、いつもより激しく数回イッた。つられるように、私も精液を噴きあげてゆく。

「今日は声が大きかったな」

「あら、そうでした？」

あの乱れかたはどこへ行ったのかと思うほど、上品な奥様に戻っている。ふたりとも満足して、シャワーを浴びている間もキスをしたり触り合った。

着がえるしぐさもかわいい。ガウンをたたんだり、枕をきちんと戻したり、ゴミを片づけたりするなにげない動きも品があった。

そんな彼女に見とれていると、首をかしげる犬のように私を見た。

「ん……なんですか？」

「いや、なんでもない。帰ろうか」

翌日、妻が友達とランチだと言って出かけた。しばらくして寛子さんからメールがあり、ご主人が出かけたと書いてあった。いまごろはホテルに向かっているのだろうか。

妻が夕方に帰宅した。ホテルでご主人のペニスを食ったただろうに、なに食わぬ顔で夕食の用意をしている。

食事中もそのあとも子供たちと楽しそうに会話をしていた。

いつもより口数が多いのは気のせいだろうか。ご主人との不倫セックスが楽しかったのだろうか。たくさんイカせてもらったのだろうか。ご主人の精液を飲んだのだろうか。

妙子もセックスフレンドができて楽しいのだろう。これからは、私にどんな嘘《うそ》をついてデートに出かけるのだろうか。

「ねえ、女子会で盛りあがってね、毎週集まろうってことになったから」

「女子会か、楽しいなら行っといで」

女子会を口実にすれば、毎回理由を変えずにすむ。以来、妻は毎土曜に女子会ランチに出かけた。妻がつらい目に遭わず、寛子さんのご主人にたくさんかわいがってもらえればそれでいい。

三カ月ほど経《た》ったころ、妻のデート中に捜し物ついでに妻のクローゼットを開けてみた。下着が驚くほどたくさんあった。

どんな下着をつけているのかと見ると、白や黒のパンティーの奥にTバックがいくつかあった。

もとの形やたたみかたを頭に入れて、それらを取り出すとピンクの紐《ひも》パンが見えた。縦も横も紐で、果たしてこれはパンティーと言えるのだろうか……。

待てよ。縦も紐ということは、もう下の毛はないな。自分で剃らないだろうから、ご主人が剃っているのかもしれない。そんなスケベな男とセックスするのだから、妻もきっと楽しいに違いない。

ほかにどんな下着があるのかさらによく見ると、赤いガーターがあった。

ふーん、ご主人はこんな物をはかせているのか……。

夕方、妻が帰宅した。不倫セックス後の顔はふだんの顔と違うのか、気になった。怪しまれないように細大漏らさず観察したが、男のニオイは感じられない。

私が鈍感なのか、あるいは女は痕跡を隠せるのだろうか。妻の機嫌がよかったのだけは読み取れた。

金曜日に寛子さんとデートした。

「ねえ、主人と妙子は毎週ですね」

「うん、楽しいんだろな」

「主人があんなに元気だって知らなかったわ」

「元気なら、ご主人とエッチしてみたい？」

「とんでもない！」

即座にそう答え、私に抱きついてきた。

「今日もいじめるぞ」

「やさしくね」

風呂場で寛子さんの陰毛を剃っていると、ペニスが硬くなってくる。つるつるになったそこは、いつ見ても飽きない。ベッドに移り、無毛の丘の写真をたくさん撮った。

「今日はおもしろい物を持ってきたぞ」

「またあ。変なのを買ってきたんでしょ」

小さな洗濯ばさみの形をしたオモチャでクリトリスを挟み、スイッチを入れた。寛子さんのクリトリスは大きくて挟みやすい。

「うっ、あああっ、な、なに、これ？」

「電マとどっちがいい？」

「うーん、これも……」

洗濯ばさみが不規則に振動しながらクリトリスをつかんでいる。

「あっ、イキそうっ」

「じゃ、ハメようか？」

「ハメて！」

ペニスを挿入してみると、洗濯ばさみの振動がこちらにも伝わってきた。

「イクッ、イクゥッ」

寛子さんがイッてもかまわず突き、洗濯ばさみもそのままにしていたら、寛子さんはまたイッた。

私の射精が近いのでいったん抜く。

「どうだった。利く？」

「いいっ、これいい」

乱れる寛子さんの太ももや脇腹をそっと撫でていると、またイキそうだと言う。

「いや、だめっ、またイクッ、取って、取って、はずしてっ」

自分ではずせばいいのにはずさないのは、はずしたくないのかもしれない。

「イクッ、イクゥ」

イッたのを見て洗濯ばさみをはずし、クリトリスを舐《な》める。電マのときもそうだが、イッたあとに舐められるのは、こそばゆくてたまらないのに、得も言えぬ快感らしい。

「いや、やめて、やめてっ」

寛子さんは体をねじってダメ押しのアクメで悶絶《もんぜつ》した。余韻も収まって口を開いた。

「もう。また変なのを知っちゃったじゃないの」

「イヤか？」

「うーん、イヤじゃないけど……」

「ますますスケベになって、かわいいよ」

「ねえ、まだイッてないんでしょ」

「そろそろイキたいな」

「どうしたらいいですか。お尻？　お口？」

「うーん、今日は口でイキたいな」

「いいですよ」

喉奥まで咥えると、すぼめた唇でカリ首をやさしくしごきはじめた。

翌日、妻がデートに出かけている間に、久しぶりに妻のクローゼットをのぞいてみたら、新しいパンティーが増えていた。

「来週、女子会で温泉に行くことになったからね」

その夜、帰宅した妻が平然と言った。

「いいよ。行っといで」

そして翌週、妻が温泉旅行から機嫌よく帰宅した。

「温泉もよかったし、ご飯もおいしかったよ。また行こうってことになったの」

うれしそうに言う。

温泉や食事のことよりセックスがどうだったのか、聞きたいところだ。ともあれ、妻の楽しそうな顔を久しぶりに見た。きれいになったような気がする。

白衣のお姉さん

大阪府・会社員・五十四歳

大学受験に失敗し、地方都市でひとり暮らしをしながら予備校に通っていたころの話である。

その年の夏、よく腹痛に襲われた。しばらくは医務室で薬をもらってしのいでいたのだが、とうとう我慢できなくなり、最寄りの総合病院に駆けこんだ。

「虫垂炎ですね。かなり進行しているので、すぐに手術します」

問答無用で手術が決定してしまった。

――研修医に腹部の様子を見せてもいいですか？

との医師の申し出を承諾する。

盲腸の手術には剃毛《ていもう》がつきものだ。だが、看護師さんのやわらかい指の感触に途中で勃《た》ってしまい、看護師さんにペシリとたたかれたと、なにかで読んだことがある。

そうならないようにしなくては。

服を脱いで診察台に横たわると、四、五名の看護師さんたちに囲まれた。

え、こんな大勢くるの?

下腹部をアルコールで拭かれてヒヤッとする。勃つどころか、縮みこんでしまった。

腹部から剃《そ》りはじめる。ひとりの看護師さんがだらんとしたチ×ポが邪魔にならぬよう、手をそえて押さえてくる。やわらかい指で触れられたら、勃ってしまう。

我慢、我慢。

剃毛が終わると、診察台ごと手術室に運ばれた。局部麻酔をされて、いよいよメスが入る。

「はい、順番に見て」

医師の言葉で、研修医が次々と私の開いた腹部を見て説明を受けている。麻酔の影響で嘔吐《おうと》するほど気持ちが悪い。いいから早く終わって、と願うだけだった。

研修医に見せるためか、炎症が進行しすぎたせいなのか、私の傷口はふつうよりも大きかった。おかげで、入院期間も少し長引いてしまうことに。

翌日、郷里から父が駆けつけ、私の部屋から着がえや勉強道具を持ってきてくれた。緊急入院だったからか、空いていた個室に入れられていたのはラッキーである。腹部が痛むのでリクライニングを上げるのもひと苦労。歩きまわれないので終日勉強していたが、それも一日で疲れてしまい、二日目になると息抜き名目で車の絵など描いていた。

「汗かいてへん？　体、拭こうね」

看護師さんがタオルとお湯を張った容器をワゴンに乗せてやってきた。

「へえ、男の子って、そないな絵、描くんやね」

名札によると、彼女は田中《たなか》さん。

二十代なかばだろうか、髪が茶色だったから、ちょっとヤンキーぽいなと感じた。

「うぐぐっ」

入院浴衣を脱ごうとしたが、痛くて声が出る。

「無理そうやね。脱がしたげるわ」

田中さんがそっと手伝ってくれる。

「高校生やったっけ？　モテるんちゃうん？」

体を拭きながら、田中さんが話しかけてきた。

「予備校生です。高校は男女別学で完全寮生活。女っ気ゼロの地獄っすよ。おかげで女の人と話すのも緊張しちゃって……」

「ホンマに？　頭のパーマ見たら、そうは思えへんけどなぁ」

上半身を拭いてもらい、サッパリした。

「下はどないする？」

「自分で拭けるようになったらにします」

「そう、不潔にしたらあかんよ」

田中さんが笑った。

そのあともパーマをかけていた私を「ヤンキーの弟分」と見ているのか、たんなる仕事の一環なのか、いつも気にかけてくれた。

よくよく見ると、小柄でかわいらしい顔立ちだ。

週間少年漫画誌も持ってきてくれた。

「××読んどる？　おもろいよね」

漫画の好みも合った。

予備校生のうえにひとり暮らしなので見舞いに来てくれる人もおらず、田中さんとの会話はドキドキしながらも安らぎであった。

「田中さんって、お姉さんみたいですよね。俺、姉妹がいないから」

「お姉さんかぁ。ええなぁ。でも、彼女にはならへんからなっ。舎弟や舎弟」

「いや、そこまでは言ってませんよ」

それから周囲に人がいないときは「姉さん」と呼ぶようになった。


さらに二、三日がたったが、やはり体を前屈させることができずにいた。

この日は姉さんが体を拭きに来てくれた。

「どない？　体、曲げられるようになった？」

「なかなか……」

「じゃ、体拭けてないんちゃうの？　不潔やから拭いたげるわ」

「あ、いや……」

「照れへんの。うちら看護師は見慣れてるんやから、大丈夫や。すでに手術前にも見とるし」

剃毛時にいたようだ。

トランクスを下ろされ、全裸にされると、手際よく股間や足を拭いてくれた。

個室で誰にも聞こえないのに、姉さんが耳もとでそっとささやいた。

「包茎サンなんやね。このままやと不潔になるんよ。これじゃ、モテへんようになるよ」

恥ずかしさで、耳がカッと熱くなった。

「寮だと、みんな、こんなんでしたけど……」

「ついでに、ここもきれいにしたろか？」

「……え？」

姉さんの手がそえられたかと思うと、グイッと皮が下ろされた。

赤くてツルッとした大人の顔が現れた。

「痛ない？　このままにしとくと慣れるから」

お湯に浸《つ》けたやわらかいガーゼで、細部までやさしく拭ってくれる。

若い女性にこんなことしてもらって、冷静ではいられない。ムクムクと大きくなってしまった。

「す、すみません……」

「大丈夫よ、若い証拠。こないな感じからすると、童貞クンやね？」

「そうハッキリ言わんでも……女の子との接点がぜんぜんなかったんですから」

「黙っといてくれたら、ええことしたるよ」

「え？」

思わず顔が赤くなり、鼓動が激しくなった。

姉さんの唇がチ×ポに覆いかぶさった。モワッとした温かさが伝わってきた。

ビクン。

反射的に、体が動く。

お姉さんの舌がカリを刺激している。いままで体験したことのない快感だ。自分の右手では、とてもこうはいかない。

「んんっ」

姉さんの鼻から声が漏れた。未体験の快感に押され、早くも発射してしまったのだ。

ナースキャップが上下している。絞りきるという感じで吸いあげられた。

含んだものをティッシュに出し、申しわけない顔をしている私にお姉さんがニコッとした。

「ごちそうさま。十代はええね」

「すごく気持ちよかったです」

「早くよぉなってね」

私に浴衣を着せると、姉さんは出ていった。

以来、私は、今日も姉さん来てくれないかなと期待するようになった。

勤務体系がわからなかったので、夕方に見かけることもあったし、朝に見かけることもあった。そのときはなにごともなかったように、ふつうに話しかけてくれたが、体を拭く当番ではなかなか来てくれなかった。

姉さん以外の厳しそうな看護師さんや年季の入った看護師さんのときは下半身を拭いてもらうのを遠慮し、痛みに耐えながら自分で行った。


入院から一週間。虫垂炎が進行しすぎていたので、いまだに退院できずにいた。売店などには、のっそりのっそりと行けるほどにはなっていたが、動いていないので、夜はなかなか寝つけない。

読書灯をつけて本を読んでいると、深夜の巡回で姉さんがまわってきた。

「まだ起きてるん？　もう消灯しないと」

「寝つけないんです」

思いきって、甘えた声で言ってみた。

「お姉さーん、この前みたいにぃ……」

薄明りの中でお姉さんがニコッと微笑《ほほえ》んだように見えた。ドックドックと心臓が高鳴り、期待する。

ビチン！

デコピンが飛んできた。

「なーに、ナマ言ってんの。忙しいんやから」

姉さんは出ていった。

調子に乗って気分を悪くさせてしまったなと落ちこんだ。

小一時間ほどたっただろうか、病室のスライドドアが静かに開いた。

「起きてはる？」

巡回用の灯《あかり》を持って、姉さんが入ってきた。

「はい」

「時間作って来ちゃった。ちょっとしゃべろか？」

「うれしいです」

持っていた灯を消し、読書灯だけになった。

「かわいいわぁ。お姉さん、好きやな」

「俺もです。親切にしてもらって」

「まだしゃべるんぎこちないね」

少し話したあと、足下に立っていた姉さんが少しかがんだ。

布が擦《こす》れる音がするが、上体を起こせないのでなにをしているのか、見えない。

ふわっと夏用の掛布団が剝がされた。

「かわいいから特別やん」

お姉さんが私の目を見つめて言った。

浴衣の下側だけ開かれ、トランクスが下げられた。

あ、してくれるんだ……。

私は天にも昇るような気持ちだった。

少し冷たい手がチ×ポにそえらえると、姉さんの温かい唇に包まれた。あの日からむいたままにしていた先端は、敏感に舌の動きを感じ取り、瞬間的に鋼のように硬くなる。

しかし、まだ何秒も転がされていないうちに姉さんの口が離れた。

湿ってスーッとする。脈打ちながら、ニョッキリとそそり立っている。

すると少しスカートをまくりあげた姉さんがベッドに上がってきて、私をまたいだ。

見下ろしている、いつもはかわいらしい顔が、オレンジの照明で陰影濃く妖艶に見えた。

両手を伸ばしてスカートから伸びる太ももに触った。はじめて触る女性の肌……やわらかい。しかも、ストッキングなしのナマ足である。

そうか、先ほどの布が擦れる音はストッキングを脱いでいたときの音だったのか。

お姉さんが白衣のポケットからなにかを取り出した。

ふたたびチ×ポに手がそえられるや、ピチッとしたものをかぶせられ、そのまま根元までキュッと伸ばされた。伸びかけた陰毛が巻きこまれて、少し痛い。

私のおなかの上にスカートをふわっとひろげると、前かがみになって自分の顔を私の顔に近づけてきた。

「ふたりだけの秘密ね」

そうささやくと、お姉さんはスカートの中に手を入れて、隠れて見えないチ×ポを握った。

チ×ポの先端からぬぷっとした温かさが伝わってきて、それがゆっくり根元までひろがる。快感が全身を痺《しび》れさせた。

上体を起こした姉さんが膝立ちになり、ゆっくり腰を上下させはじめる。

「あうっ」

「あ、痛む？　大丈夫？」

「だ、大丈夫です」

手術痕が痛んだのではなく、快感に声が出てしまったのだ。

ぐぐぅっと、お姉さんが体重を私の上に乗せてきた。チ×ポの先端が弾力のあるなにものかに当たった。

その次にお姉さんが腰を下ろしてきたとき、私も腰を上に突きあげた。それがカウンターになった。

「あぁっ」

お姉さんがかわいい声をあげた。

瞬間、私の全身に痺れるような快感が走った。

お姉さんも、はあはあと荒い息をしている。

チ×ポにグッと力を入れると、お姉さんが「あン」と体を震わせた。

しばらくして、お姉さんがゆっくり腰を上げると、勢いを失ったチ×ポがでろんと倒れた。むわっとした臭《にお》いがひろがる。

「童貞クン、いただいちゃった。おお、たまっとったねぇ。ま、無理もないか」

ベッドから降りたお姉さんが、チ×ポからスキンをはずしながら言った。手つきは看護師に戻っている。

「お姉さんでよかったです」

「ホンマに？」

「ホントです」

「でも、本当のエッチは彼女見つけてちゃんとしぃひんとね」

「彼女、できるかなぁ」

「それは努力しなさい」

「またしてくれます？」

「気が向いたらね」

パンティーとストッキングをはくと、チ×ポをティッシュできれいに処理してからお姉さんは出ていった。

翌日、姉さんは夜勤明けでお休み。また夜勤になってくれる日が待ち遠しかった。ところが体が動かせるようになるや、退院が決まった。とうぜんである。

最後に顔を見たかったが、お姉さんが昼勤で出勤する前に退院になった。

一カ月後、抜糸で病院を訪れた。期待していたが、入院病棟ではないので、ついに姉さんを見つけることはできなかった。

翌年、私は大学に合格し、その街から離れたが、あの夜の思い出だけで、しばらく自慰行為が楽しめた。

魅惑のエプロン

神奈川県・会社員・五十八歳

三十歳をすぎていまの会社に転職してきた私は、自他ともに認める、まじめ一筋のサラリーマンです。無遅刻無欠勤、人とトラブルを起こすこともなく、待遇に文句も言わず、ただコツコツと勤めてきました。

しかし、それは表の話。裏にもうひとつの顔があることは、たぶん誰も知らないでしょう。

私はあと二年でこの会社を定年退職し、離れていきます。べつにそれ自体にはなんの未練もないのですが、密《ひそ》かな楽しみを奪われてしまうのが、少し寂しいのです。

印刷関係の小さな会社なので、女性社員は全員私服にエプロン姿で働いています。控室の隅にハンガーをかけるバーがあるのですが、仕事が終われば、みなそのエプロンをそこへかけてから帰宅します。

ハンガーには名前が書いてあるので、誰のものかはすぐにわかります。私はひとりで残業をしているとき、そのエプロンの匂いをこっそりと嗅いでいるのです。それが、無上の楽しみなのです。

そう、恥ずかしながら私はエプロンフェチなのです。ステキな女性が着けたエプロンの匂いを嗅ぐと、それだけで興奮し、下半身がムズムズとしてきて、ついには勃起してしまうのです。

秋山《あきやま》さんはベテランの経理係。四十三歳なのですが、ふっくらとしていて着物の似合いそうな和風美人です。いつも赤いエプロンを着けていて、少しきつめの匂いがするオードトワレをまとっています。

平田《ひらた》さんは、細めで背の高い人。長い黒髪で、年はたしか三十一歳。地味ですが、わりと美人です。エプロンはいつも黒。柑橘《かんきつ》系の匂いがします。

吉岡《よしおか》さんは、デザイン担当で、美大を出て入社三年目。青いエプロンが好きらしく、何枚か持っているエプロンはぜんぶ青系で、お菓子のような甘い香りがしています。南方系のエキゾチックな顔つきで、私好みの人です。

毎回、残業をするたびに、その日の気分で好みの女性のエプロンを持ってトイレの個室に入ります。

そして素っ裸になって匂いを嗅ぎ、それを股に挟み、勃起したチ×チンにきつく巻きつけ、彼女たちの顔を思い浮かべながら擦《こす》り、射精するのです。

ああ、なんという背徳感……。

この背徳感が、私を興奮させるのです。

正直、こんな秘密の楽しみがあったからこそ、たいして給料の高くもない会社にいつづけることができたのです。

エプロンフェチなんて、興味のないかたにはまったく理解してもらえないかもしれませんが、私がなぜそんな世界にいざなわれたのか、これから、それをお話ししたいと思います。

あれはまだ私が小学校四年のときです。クラスに西木《にしき》ユミちゃんというコがいました。ごくふつうの顔立ちで、成績もふつう。あまりしゃべらず、目立たない感じ。休み時間にも友人と遊ばず、ひとりでずっと本を読んでいました。

彼女のことが好きでした。内向的な私なので、同じ世界にいる人に惹《ひ》かれるのです。

でも、私には勇気がなく、話しかけることさえできず、ただ眺めるだけでした。

私のクラスでは、給食当番を一週間ごとに交代で務めていました。月曜から金曜まで配膳を担当し、着た白衣は自宅で洗濯してきて、月曜日に次の担当にわたすのです。

私が担当になった月曜日、なんとユミちゃんが白衣をわたしてくれたのです。

お母さんが洗濯してくれたのでしょう。その真っ白で糊《のり》の利いた白衣を頬に当てると、ユミちゃんと同じ匂いがしています。

うれしかった。配膳をしながらこっそりと何度も匂いを嗅いでいたのですが、なんだか下半身がムズムズとしてくるのを感じていました。

そして、それを毎日持って帰りました。寝るときもずっと匂いを嗅いでいたのです。まだオナニーのこともわからなかったのですが、小さいモノは小さいなりに硬くなっていました。

次の月曜日にそれを手放すときは、なんだか泣きそうな気分になったことを覚えています。

そのときはそれで終わったのですが、高校一年のとき、衝撃的な事件がありました。

仲のよかった友人の家に遊びに行ったのですが、兄キのものだといういわゆるビニ本をこっそりと見せてくれたのです。

そこにはエプロンだけを着けた裸の女性が、台所でバックから犯されている写真が載っていました。

その光景のなんと卑猥《ひわい》なことか……。

とうぜんながら、私はまだ童貞でした。ヌード写真を見るのもはじめてだったのです。一瞬にして勃起してしまいました。そして、なぜかユミちゃんの姿が浮かんできたのです。

裸にエプロンだけを着けた高校生のユミちゃんをバックから犯している私。

あの地味なユミちゃんがもだえ、あえぎ、体を震わせています。もうたまらない気分になってきた私はトイレを借りると、友人に悟られないようにすばやく勃起を擦り、射精したのでした。

以来、情けないことに裸でエプロンだけを着けた女性の図が頭から離れなくなってしまったのです。

大学生になると、私は某ファミレスでアルバイトをはじめました。なにも知らない私につきっきりでいろいろと教えてくれたのは、チーフの澤田《さわだ》さんという女性です。

彼女は当時三十二歳。離婚して小さな女の子とふたりでアパートに住んでいました。学生時代はバスケットボール部のキャプテンをやっていたそうで、細身で健康的。ハキハキとしたしゃべりをする、姉御肌な感じの人でした。

その店では男女ともに、一見ふんどしのような短いエプロンを着けて作業するのですが、私はその彼女に憧れていましたので、その匂いを嗅ぎたいといつも思っていました。

あるとき、子供が急に熱を出したと幼稚園から連絡が入り、彼女が早退しました。いつもは自分のロッカーの中にエプロンもしまうのですが、あわてていたのでしょう、控室のテーブルの上に置きっぱなしで帰ったのです。

もちろん私はすぐにそれを自分のカバンに隠し、持って帰りました。そして素っ裸になり、その匂いを嗅いだのです。いつもの澤田さんの香りがします。そして店内や料理のものも混じった、複雑な匂いがします。

私はすでに勃起している自分のモノを包みこみました。ものすごく興奮しています。

澤田さん澤田さんとつぶやきながら、ハァハァと息を吐き、ゆっくりと擦っていると、まるで彼女本人に愛撫《あいぶ》されているように感じてくるのです。そして、そのまま澤田さんのエプロンの中に射精したのでした。

翌日、洗濯したものをもとの場所に置いたのですが、彼女はなにも気づきませんでした。

勤め出して半年くらいたったころです。いつもカップ麺《めん》ばかり食べている、と話したら、なんと自宅でごちそうしてくれると言うではありませんか。私は喜んで彼女が運転する軽自動車に乗ったのです。

途中で幼稚園によって娘さんを拾い、彼女のアパートに向かいました。

短パンにTシャツ姿に着がえた澤田さんが、エプロンを着け、料理をしてくれます。少し浅黒い肌のむっちりとした太もも。お尻はまるく、大きく張り出し、青いブラジャーが透けて見えるのです。そのうしろ姿を見ながら、もう興奮していました。

彼女は調理師免許を持っているので、出された料理はどれもおいしく、本当に満足しました。

「少し飲もうか?」

娘さんを寝かせつけると、焼酎とつまみを出してくれました。よくひとりで飲んでいるのだそうです。私はあまり強くないので、すぐに酔いがまわってきました。

テーブルの下をのぞくと、短パンから伸びた、細い足が見えます。私は冗談めかして、スリスリと撫《な》でまわしました。

するとそ最初は、ダメよと私の手をたたいたのですが、彼女も酔ってきているようで、そのまま黙って触らせてくれたのです。

私はだんだん調子に乗ってきました。はじめて会ったときから憧れていたこと、いつもお世話になって感謝していること、そして澤田さんのエプロンでオナニーしたことまで、つい吐露していたのです。完全に酔っぱらっていました。

いまから考えると、彼女も離婚や子育てのことなどで、ずっとストレスを感じていたのかもしれません。なにかを発散したい気分だったのかもしれません。

私が、どうしても裸にエプロンだけを着けた姿が見たい、と言ったら、少し考えて、べつにそれくらいならいいよ、でも見るだけよ。触っちゃダメだからね、と釘《くぎ》を刺し、台所へ行って全裸になり、エプロンだけを着けて戻ってきてくれたのです。

あの、高一のときに衝撃を受けたビニ本の中の光景が、私の目の前にとつぜん現れたのです。ずっと頭から離れなかったあの女性が現実に立っているのです。

もう理性を抑えることはできなくなっていました。私は澤田さんに飛びつき、うしろからしがみつき、そして背中やお尻をベロベロと舐《な》めまわしました。

「ダメだったら、見るだけって言ったじゃない」

最初は激しく抵抗していた彼女でしたが、だんだんと力が抜けていき、そしてハァハァと息を荒くしはじめたのです。

私はエプロンの中に手を挿しこみ、その小ぶりなオッパイを揉《も》みました。乳首はもう硬くとがっていて、私の指が触れるたびに、ビクビクと体を震わせます。

その手を股間に下ろしていくと、ジャリジャリとした濃い陰毛の感覚があり、そしてヌラッとした感触がありました。

「ああっ、ダメっ」

澤田さんが私の手をどけようとしますが、その力はゆるいものです。中指を亀裂にそってゆっくりと上下に動かしていくと、温かい粘液がからみつきます。

四つん這《ば》いにさせ、股をひろげさせ、その間をのぞきこむと、パックリと割れた赤黒い亀裂があり、その中は透明な淫水があふれ出て、ドロドロに光っていました。

すでにクリトリスはパチンコ玉くらいに大きくふくらんでいます。

私は狂ったようにクリトリスを舐めまわしました。

すぐ隣の部屋で、澤田さんの娘が寝ているのです。その子を起こさぬよう、彼女は必死に声を抑えています。

もう私は我慢ができません。ジーパンの中では、私の陰茎がはちきれんばかりに巨大化し、痛いほどです。急いで素っ裸になると、彼女のお尻をつかみ、バックから一気に貫いていったのです。

一瞬、ヒイッ、という小さな叫びが聞こえたのですが、唇を噛《か》み、愉悦の声を抑えていました。

ヌチャッヌチャッ。

卑猥な音が響いています。彼女の膣の中は熱く、私のモノはハンパないほどの快楽を感じています。

それにしても澤田さんの膣の中はいったいどうなっているのでしょうか。摩擦感がすごいのです。すぐに私は絶頂を予感しました。あと何回か抜き挿しすれば、射精してしまいそうです。

私はエプロンを剝ぎ取り、褐色の胸を舐めまわし、揉みしだきながら、腰を使いつづけました。

いきなり腰のあたりに痺《しび》れがきました、そして陰袋の根元がキュッと締まったかのように感じた瞬間、陰茎の中を快楽の液体が走りぬけていったのです。そして、澤田さんのおなかの上にドバッと撒《ま》き散らしたのでした。

すぐに澤田さんから離れ、絨毯《じゅうたん》の上に寝転がった私は、ゼェゼェと息を吐き出しながら、呼吸を整えていました。すると、しばらく横になっていた澤田さんは私をにらみ、ひとこと、

「早すぎるよ。あたし、まだ、イッてないんだからね」

と言いました。そして、いきなり私のモノを咥《くわ》え、ジュボジュボといやらしい音を立てながら、私のモノをしゃぶりはじめたのです。

カリの裏側を舌先でチロチロと舐め、竿《さお》をくすぐり、袋までも舐めたり揉んだりするのです。一度しぼんだ私の陰茎は、すぐにまた大きくなってきました。

澤田さんは私の上にまたがると、亀頭の先を自分の陰裂に当て、ゆっくりと腰を下ろしてきたのです。そして自分の好みの部分に擦れるように腰を上下させてあえぎ、最後は激しく前後させるような動きをし、大きくのけぞるようにして、イッてしまったのでした。

澤田さんとはそのあと何度か関係を持ったのですが、彼女の再婚と退職で、それっきりになってしまいました。

定年まであと二年。これまでどおり、会社のトイレの中で好みの女性社員たちのエプロンを陰茎に巻き、自慰行為が楽しめればと思っています。

トイレで再会

東京都・公益法人職員・五十六歳

四十代に手が届こうとしていたころのことである。

関西方面の出張が終わり、夕方の新幹線に乗車した。市街地、そして郊外へと車窓風景が移ろってゆく。

文庫本を取り出し、ページをめくる。仕事を忘れ、しばしリラックスのひとときだ。トイレに行きたくなった。ずいぶん長いこと小説にはまったものだ。新幹線もかなりの距離を走ったことになる。通路に出て進行方向と逆に歩き出し、トイレに入り、用を足し、終わったところで、軽く筒先を上下させたそのときだった。私の右側にあるドアがなぜか開いた。開けたのは、若い女性である。しまったと思ったときは、もう遅かった。

切れ長の目を大きく見開いたその女性は、キャーとも言わず、むしろ憤慨した様子。

「ちょっと、鍵ぐらいかけたらどうですか！」

ショッキングピンクのスカートと白いブラウスの背を私に向け、ドアをバタンと閉めた。

ちょうど男根をしまおうとしていたところで、恥ずかしいところを見られたなと、私はあわててズボンを整えた。

女性の顔を見たのは一瞬のことだったが、どこかで会った女だ、誰だったかな……と考えながら、トイレを出た。

通路を挟んだ洗面所のカーテンは引かれ、カーテンの下からは、ショッキングピンクのスカートが見える。さっきの女性だ。私が出てくるのがわかっているから、顔を合わせないようカーテンを引いているのは容易に察しがついた。

進行方向にむかって歩き出し、席へ戻った。夕陽《ゆうひ》は落ち、薄暮へ変わっている。

先ほどの場面を思い浮かべた。さっきの女性は高校のクラスメート、高山《たかやま》ルミだったような気が……。

高校二年の秋。放課後、図書室で本を借りて教室へ戻り、ドアをガラガラッと開けたときである。

キャーという悲鳴があがり、そこには下着姿の高山ルミがいた。切れ長の目で私をにらみつけたかと思うと、着がえていた服で乱暴に体を隠し、即座に目を伏せた。

部活を終え、着がえていたのであろう。とっさにドアを閉めて、ドアに背を当て、天井を眺めて大きく肩で息をしていると、

「ごめんなさい。今日は部室が使えずに、ここで着がえていたの。みんな、帰ってると思ってて」

教室の中からドア越しに、ルミの声が聞こえた。

「いや、ごめん。僕も誰か中にいるか気をつければよかった。ノックぐらいすればよかった」

「もう大丈夫。入っていいよ。なにか忘れ物でしょう？　私、もう着がえは終わったから」

その声に安心して教室に入り、机からノートや教科書を取り出し、カバンにしまおうとしたときだった。とつぜん、ルミが背後から私に抱きついてきた。

「ちょっと、なにするん！」

一瞬驚いたが、ルミは抱きしめた腕の力をゆるめようとはせず、むしろ腕に力を入れてくる。背中にルミの両胸の感触が心地よく、私はしばらく黙ってそのままでいたが、さすがにこの場を誰かに見られたらまずい。

「ほら、誰かが来たらやばいよ」

そう言ってみたが、放そうとしないので、

「あのう、背中に胸のふくらみを感じるんだけど」

そう言うと、

「やだ」

ルミは両腕を放し、その場を走って離れ、カバンをひったくるようにして教室を立ち去ったということがあった。

三年進級時のクラスがえでクラスが分かれて疎遠となり、卒業してからは顔を合わせることもなかった。

どう考えても、先ほどの女性は高山ルミだったとしか思えない。

とにかく自分の間の悪さは高校時代から変わってないなと思いながら、車窓を眺めていると、トンネルに入った。暗いトンネルの中に入ったためか、窓がちょっとした鏡となって、前の席の背もたれ、通路など、車内の風景が目に入る。

通路にひとりの女性が立っているのが窓に映っている。白いブラウスにショッキングピンクのスカートだ。首を右に向けると先ほどの女性、いや間違いなく、高山ルミである。

高校時代、黒髪のボブヘアだったのが、茶髪となり、肩まで伸ばしているのが時の経過を感じる。だが、細面の顔、薄い眉毛、切れ長の目、左目の下の泣きぼくろ、細い鼻すじ……高校時代からそのままタイムスリップした感がある。

ルミはなにかに申しわけなさそうな顔をして私を見ていたが、

「あのう、この席、空いていますか？」

と訊《き》いてきた。

空いてますよ、と言うと、ルミは私が誰だか気づかずに、隣の席に腰を下ろした。

「あのう、先ほどは言いすぎました。失礼しました」

と詫《わ》びてきた。

なんだか高校時代の口ぶり、しぐさと変わっていない。

ルミは相変わらず申しわけなさそうな顔を私に向けていたが、急になにか思い出した表情になった。

「あのう、失礼ですが……もしかして……××高校で同級生だった……」

ルミがとぎれとぎれに口にした。

「そう、××高校二年のとき、同級生だった松井康夫《まついやすお》ですよ」

私がそう言うと、ルミは目をますますまるくした。

「ずいぶん久しぶりだね」

まず、右手をさし出してルミの右手を握り、つづいて左手も伸ばして両手で彼女の右手を包む。

「え、松井くん……ホント、久しぶりね」

手を握り合ったまま、ルミが口を開いた。

「いやぁ、二十年ぶりかな」

「そうねぇ。高校卒業して以来ね。あぁ、ビックリした。さっきは気づかなかったけど、よくよく見ると、松井くんって前と変わってないね。ゴメンね」

「なにが？」

「ほら、なんだか、さっき、トイレで大声出しちゃったから」

「いや、あれは僕がトイレの鍵を閉め忘れたのが原因だから。ま、股間を見られたのは計算外だったけど」

「まあ」

私のジョークに、ルミが顔を赤くした。

「でも、私も高二のとき、教室で着がえてたら、松井君に下着姿を見られたことあったし」

「ああ、あれはよく覚えてる。じつは僕、高山さんではないかと、うすうす思ったんだ。ほら、教室で着がえていたときに僕が知らずに入って、キャーってなったじゃない。あのときの高山さんと、なにか面影が似てたなって……」

「そうそう。あのときは、私がキャーって大声を出したね」

と、目線を遠くのほうに泳がせながら、懐かしそうにルミが言う。

「まぁ、さっきといい、間が悪いのは昔と変わらないね」

そんな話をしていると、車内販売のワゴンが通りかかった。

私はビールを二本買った。

「久しぶりだし、再会を祝おう」

と、乾杯。ゴクゴクと半分ほど飲みほした。

「そうだ、ねぇ、ちょっと、いい？」

ルミが神妙な顔をして私の右腕をつかみ、立ちあがった。

「どこへ行くん？」

「いいじゃない」

そう言いながら私の右腕をつかみ、進行方向と逆方向にすたすたと歩いていく。出入口の自動ドアが開き、デッキの方向へ。まさに先ほどのトイレのところだ。

だが、トイレではなく、その対面の洗面所に導いた。そして、カーテンを引き、ふたりだけの空間を作った。

「どうするの？」

「いいから、うしろ向いて」

なかば強制的にまわれ右をさせたかと思うと、背中から私に抱きついてきた。

「うわっ」

「どう。思い出した？　あたしは松井くんの背中の感触、覚えてるよ」

私の背中に頬をよせ、ルミが言った。どことなく肩を少し震わせている感じがする。

なんだかからかわれているようだったが、背中の感触は女の胸だ。

「うーん、思い出せないな。もっときつく抱いてくれたら思い出せるかな？」

と煽《あお》ると、ルミは両手に力を入れてきた。背中に女の胸というよりも乳房の感触だ。

「なんだか、あのころより、ちょっと硬い感じが……」

「もう、私もすっかりオバサンになったからね、張りはないかもよ」

「いやいや、でも、すごく気持ちいい」

だんだん両腕の締めつけが苦しくなってきたところで両手をほどき、体の向きを変える。すると、ほんのり赤い顔でニコッとしたあと、目を閉じてあごを突き出してきた。

閉じた目は「ねぇ」そして突き出したあごは「チューしよう」と催促しているようだ。

迷うことなく、両手をルミの腰にまわして唇を重ねると、胸と胸が合わさった。今度は胸に乳房の感触を感じる。

次の停車駅の車内アナウンスが入った。

「あっ、そろそろ品川《しながわ》ね。ちょっと席で待ってて」

「席でって？」

「降りて、どこか行きましょう。それとも予定あるの？」

「ないけど……」

「じゃぁ、待ってて。すぐに戻るから」

ルミは私を席へ戻るよう促した。私はどういう展開になるかわからないまま、車《しゃ》輛《りょう》に戻り、席に腰を下ろし、飲み残りの缶ビールを傾けた。

ほどなくして、ショルダーバッグをひとつ提げたルミが、私の席の隣に戻ってきた。

「どこか行きましょうって、どこに……？」

「とりあえず、品川あたり……ふたりだけで同窓会ということで」

そう言って、ルミは頬をポッと赤らめた。

新幹線が速度を落としはじめた。

ルミに促されるまま下車し、いっしょに改札を出た。

そして、タクシー乗場で押しやるように私を奥のシートに座らせ、つづいてルミが乗りこんできた。

ルミが行き先を告げ、タクシーが走り出す。向かうは有名なホテル街だ。

タクシーの中で互いに身の上話となった。ルミは五年前からバツイチで、たまにひとりで秘湯に出かけるが、今日もその帰りだという。

ホテル街に到着。すぐ近くのホテルへ入った。

部屋に入ったとたん、またもやルミが目を閉じて、あごを突き出している。今度はなんのためらいもなく唇を重ねた。

ルミの髪を撫《な》でながら、ひとしきり舌をからませたあと、唇を離す。

今度は私が、うしろから抱きしめるようにして前へ前へと歩を進める。進めた先にはベッドがあり、そこにルミを横たわらせた。

ショッキングピンクのスカートのホックをはずし、ファスナーを下ろすと同時に、スカートをむくように下ろしてゆく。ベージュのパンストに覆われた白いパンティーが見える。

まもなくルミは、私の手によって、生まれたままの姿になった。

両足首をつかんでV字に開くと、逆三角形に整えられた恥毛があらわになり、その下にはピンクの陰裂、そしてその上にはピョコンと肉の突起が私を出迎えている。

陰裂の入口を男根の先で確かめると、ウルウルしているのがわかった。体を預けるようにして合体してゆく。

「あん」

亀頭が粘膜をこすっているからか、私の肩にまわした両腕をブルブルと震わせている。ゆっくりと腰を使いながら薄っすらと目を開け、結合部分をチラ見してみた。ルミの肉ヒダが私の男根にまつわりついているのが見える。

ルミの吐く息が荒くなってきた。手に力が入り、私の二の腕をつかむ爪が痛い。

私はルミの両の尻を手のひらで撫でながら、ピストン運動を繰り返す。そして背中に手をまわし、いよいよターボエンジンをかけようというときだった。

「お願い……中は……ダメ」

ルミが小声で訴えた。

「わかった」

今度は両手でルミの膝を抱えるように持ちあげ、腰を前後に使ったところで絶頂に到達。

「出すよ」

そう声をかけ、急いで男根を引き抜いた。下腹部に白濁液がドバドバとまき散らされてゆく。

「うう、うぅぅ……」

ルミも達したのか、いままで以上に体を預けてきた。

「はあはあ……」

しばらく動かず、荒い息が鎮まるのを待つ。

息が整ったところできつく抱きしめて唇を重ね、舌をからませ合う。

「また、会おう」

ひとしきりキスをしたあと、そう提案すると、ルミは私の目を見つめ、ちょっと思案したあと、

「うん」

にっこりと微笑《ほほえ》んだ。

壊れたバイブ

大阪府・ＯＬ・四十一歳

とつぜんブスッと音がしたのを最後に、十年間愛用していたバイブレーターが動かなくなった。

三十歳から四年間つき合っていた彼からのプレゼント。別れてからも彼を引きずっていた私は、なかなかこの玩具が捨てられなかった。次の恋愛に踏み出したあとも、私のベッドの中でずっとエースとして活躍しつづけた代物だ。

その日、私はいつものようにゆっくり慰めながら、一気に絶頂へと思っていた。なのに、このアクシデント。

拍子抜けした私は、だらしなく太ももまで下げていたパンティーをはきなおし、そのままベッドに寝転びながら、バイブの贈り主を思い出す。

いまでも鮮明に蘇《よみがえ》る彼との情事。私の心はもう揺れることはないが、彼の指がもし私にふたたび触れたら、細胞が騒ぎ出すかもしれない。

この壊れたバイブを処分すれば、いっしょに彼を記憶から消し去ることができるだろうか……。

そのときが来たのかもしれない。


当時、流通センターの支店で事務をしていた私と、倉庫で荷物管理をしていた彼。ふたりがつき合うきっかけになったのは、会社の忘年会だった。

毎年、五十人ほどが集まる忘年会だが、その年はインフルエンザの流行もあり、三十人ほどのこぢんまりした宴会だったと思う。

もともと人間関係は良好な会社で、違う部署の社員さんやパートさんが集まっても和気藹々《わきあいあい》とした宴会に、みんなが喜んで参加をしていた。

私は三十歳で中堅。上司にそれほどぺこぺこする必要もないので、勝手にお酒と食事と雰囲気を楽しみながら、まわりのパートさんたちの噂話《うわさばなし》に耳を傾けていた。

「ほら、あそこにいる野村《のむら》君、ええ子やのに独身やて」

「なかなか男前やんか、なんで独身なんや」

「知らんがな」

パートさんたちの視線の先にいたのは、いつも明るく挨拶をしてくれる男性だ。制服の帽子をかぶっていないせいか、まったく印象が違う。茶色のチェックのシャツとジーンズの組み合わせも彼を若く見せていた。

「三十歳らしいわ」

「へえ、ほんまかいな。ほんなら社長の次男と同級生かいな」

つまり私とも同級生。少しだけ親近感が湧くけれど、話す機会もないので特に意識もしない。それでもパートさんたちに囲まれ、笑顔でお酒をついでいる姿を見ながら、好感度の高い野村君という情報は私の中にしっかりとインプットされた。

宴会は二十一時にいったんお開きになり、半分ほどが帰り出す。ここからはお酒が好きな人たちで騒ぐ時間になる。

私もどさくさにまぎれて帰宅しようと、荷物をまとめて宴会場を出た。ぎりぎりふたりしか通れないほどの細い階段を下り、心地よい外の空気を吸いこむ。

すると、お店の立て看板と電柱の隣で、なにかを探しているような、焦っているような野村君が視界に入った。

会社の封筒を手に持っていた私は、とっさに社交辞令の挨拶をする。

「お疲れ様です。なにかあったんですか」

「あ、お疲れ様です。自転車の鍵が見つからないんですよ」

「まだ宴会の部屋が開いてますし、見てきましょうか」

「いやいや、気にしんといて。ありがとう。なんとかなるやろ」

そう言いながら、彼がマフラーをかごへ置こうとしたとき、チャリンと金属音が聞こえた。

「あった！」

ふたりの声が同時に響き、無事に鍵を発見できたことに、思わず微笑《ほほえ》み合っていた。

「ありがとう、助かったわ」

「あ、いえ……私、なにもしてませんから」

「いやいや、缶コーヒーでもおごるわ」

「なんでですか」

ふたりの吐く白い息が、きらきらと光っているような錯覚を感じた。それはなにかがはじまるような、そんな甘い空気を作り出していた。

その一週間後には、私たちは果歩《かほ》、克彦《かつひこ》と下の名前で呼び合う関係になっていた。とはいえ、自分たちからまわりに話す必要もないので、社内恋愛とはいっても秘密の関係を楽しんでいるようだった。

男女の関係になってからも、私はどんどん彼を好きになり、毎日彼を意識して、仕事をしていた。そして彼もまた、同じように私を欲していた。

書類にサインをもらうふりをして、倉庫に出向く。

「克彦、こっちに来て」

人にばれないように手招きをして、彼をロッカーのうしろに呼び出すと、彼が私のお尻を触ったり、ちゅっと頬にキスをして、なに食わぬ顔をして戻っていく姿を見るのが大好きだった。そしてそんな夜は、必ず私をやさしく抱いてくれる。

「今日、係長が見てたんちゃうかな」

「べつに隠してるわけちゃうやん」

「俺らがこんなにセックスが好きって、ばれてもいいんか」

「べつに私は好きちゃうし」

そんなことを言い合いながら、早く挿《い》れてと全身でおねだりする私を、彼はいつも焦らす。

Bカップの小ぶりな乳房を何度もやさしく揉《も》みまわし、舌で右、左と交互に乳首を刺激する。貧乳は感度がよいと、男友達が冗談のように言い合っていたが、決して都市伝説ではないと思える。

「ううん、あぁ、もう、はぁ……」

「ほんまに果歩は、乳首をいじられるのが好きなんやなあ。もうめっちゃ濡れてるんやろ」

「そんなん、あぁん、しょうがないわ」

必死で両脚に力を入れて、この快感を少しでも抑えようとするが、彼の少し分厚い唇が私の素肌から離れない。じわりじわりと下へ移動しては、いじわるに這《は》いまわる。

「もう、そんなんせんといて、あぁん」

パンティーの隙間から、彼の細くて長い指が滑りこみ、私のあえぎ声がさらに大きくなる。私の薄く魅力のないお尻を、彼はゆで卵を触るように丁寧に愛してくれる。

「やっぱり、めっちゃ濡れてるで」

「そんなん、言わんといて」

愛し合っている間、言葉が少ない私を、こうして質問で焦らすのが抜群にうまい。

「もう挿れてもいいんか、まだ早いか」

「はぁ、あぁん、もうあかん」

「挿れてってことやんな」

「克彦、早く……」

熱く火照った湿潤地帯に男根の先を擦《こす》りつけ、いやらしく私を弄ぶ。吸いこまれるようにぷるっと侵入したペニスは硬く、ぴったりと私に密着している。

「あぁ、気持ちいい、めっちゃいい」

正常位できつく抱き合いながら、彼が私をぐるっとひっくり返し、腕で私を持ちあげる。

「あぁ、恥ずかしいわ。見んといて」

「腰、好きなように動かしてみ」

はじめて騎乗位でイクのを覚えたのも克彦のおかげだ。一度オーガズムを覚えたら、その快感を身体が覚えてしまったのだろう。いまでは下から突きあげられる感覚がたまらず、無意識で前後に腰を揺すりたてる私に、彼もうれしそうにぴったりとついてくる。

「イク、イク、イク、あぁ、イク」

「あかん、俺も、あかん、ぐっ」

つき合いはじめて半年。毎週一回はこうして愛し合い、少しずつ私からも求められるようになっていた。


次の忘年会では、私たちは隣に座っていた。

「ビンゴ大会がはじまりますよ。今年の景品はバラエティーに飛んでますから、お楽しみに」

司会の男性のかけ声で、場が一気に盛りあがる。配られたビンゴカードを片手に、一等の自転車が欲しいとか、みんなが好き勝手に当たりを期待している。

ビンゴとリーチが増えはじめる。

「果歩、俺ダブルやで」

「ほんまや。次、当たるんちゃうか」

私たちの予想どおり、克彦ともうひとりが同時にビンゴになった。

「おめでとうございます、ラッキー賞ですよ」

ステージ上には大、中、小の箱がある。もうひとりが先に中を選び、克彦は小さな箱を選んで戻ってきた。

しばらくして、反対側のテーブルから歓声と爆笑が湧きあがる。

「なんやねん、これ」

「最高やん。うけるわ」

ひとりの男性が箱から無造作に取り出したのは、ナース衣装セットと聴診器だった。

「なんや、今年はこういう路線かいな」

宴会隊長と呼ばれる男性社員が企画担当だから、こんなジョークもありだろう。私は、克彦の箱の中身が気になりはじめた。

「野村君も開けたら」

パートのおばさんが雰囲気を壊さないよう、明るいノリで提案する。私も参戦した。

「開けてみたら、ええんとちゃう」

「そうやんな。みんなで見ましょうか」

克彦が丁寧に包装紙を剝がすと、透明のケースの中に妖しく光る黒い物体が現れた。

「いやや、なんや本物のおもちゃやんか」

ゲラゲラとパートさんが笑い出し、みんなの視線が黒い物体に注がれる。

「野村君、さっそく使ったほうがええで」

「ほんまや。ええプレゼントやな。使う相手はいるんかいな」

「野村君やったら、女の子が放っておかへんわ」

「あははは」

お酒の席での典型的な下ネタ攻撃で、私たちのまわりも爆笑に包まれる。

克彦も豪快に笑っているが、なぜか私の鼓動は高まっていた。今夜は克彦の部屋に泊まる。そして、必ずセックスをするだろう。

克彦は、この思わぬ戦利品をどうするのだろう。もしかして興味があるのかもしれないし、使ってみたいと思うのかもしれない。

「なんでや。急にピッチがあがったやん」

克彦が少し驚くように、私はビールをぐいぐい飲んでいた。とつぜん現れた黒い魔物に、完全にペースを乱されたのだ。

結局、私は帰り道に公共の場でキスをおねだりするほどに酔ってしまっていた。

帰宅した私たちは、そのままベッドへなだれこみ、あっという間に裸で抱き合っていた。

克彦が私の両脚をすっと開き、股間に顔をうずめる。尿意を我慢しているのか、子宮が喜んでいるのかわからない感覚で、私は愛液をあふれさせていた。身体の芯から熱くなり、絶え間なくあえぐ姿は、自分でも行儀が悪いと思う。

「どうしたんや、こんな興奮して。まさかあのバイブ、使ってほしいんか」

ぺろぺろと蜜を吸い取りながら、いじわるな質問が投げかけられた。

「……ちょっとだけ、はぁ、あぁ、ああ」

克彦は無言でむくっと起きあがると、バイブの箱を開けた。

ういいん。

機械音が響き、ぐりんぐりんと動きまわりはじめた。

「そんなん、入るんやろか」

「どもない。果歩がいややったらすぐやめる」

克彦がゆっくりとバイブの先を私の股間へあてがった。

「あああああぁ」

ふくれあがったクリにほんの少し触れただけで、私は歓喜の悲鳴をあげた。

「まだ挿れてへんのに、すごいやん」

「いやん、ああ、ああ、すご」

振動するバイブの威力を数秒で体感した私は、一気に絶頂に達する。

「イク、イク、イクっ」

もだえる私を見て、バイブをそっと抜き、克彦が深く入ってきた。

「めっちゃひくひくしてるで」

「あん、あん、あぁ、気持ちいい、そこ、いい」

重なる身体が上下に揺れる。汗なのか、唾液なのか、愛液なのか、もうどうでもよかった。

「どもなかったか」

激しく達したふたりの呼吸を整え、私の乱れた髪を撫《な》でながら、克彦がやさしく聞いた。

「うん。でも、めっちゃ恥ずかしいわ」

「あんなすごいんやったら、俺いらんやろ」

「なに言ってんの。おもちゃと比べるか」

私はベッドに無造作に置かれたバイブを手に取り、もう一度スイッチを入れてみた。

「こんな機械、誰が発明したんやろな」

「好きか」

「え……克彦は好きやで」

きっと彼はバイブのことを聞いたのだろう。でも、酔いが冷めた私は思わずごまかした。

あれから十年。克彦と別れたあとも、ベッドの中で活躍してくれていたバイブが壊れた。いつまでも思い出に引きずられているんじゃないぞ、とでも言うみたいに……。

占いサイトでナンパ

東京都・派遣社員・五十三歳

いまの出会い系サイトはともかく、二十年ほど昔のそれは、サクラの女性ばかりであった。そんななか、某携帯電話会社の公式占いサイトだけは違った。当時、有名占い師が、そのサイトを監修していたことから、多くの人が利用していた。

そして、なによりすごかったのは、そのサイトには出会いのマッチングメール機能が付随していたところだ。

ただし、同じ星座の人をマッチングするのではなく、コンピュータによってランダムに選ばれてしまう。こちらから指定できるのは、地域と性別と年代だけである。

だが、画期的な反面、互いの詳細なプロフィールも写真もないから、メールだけで相手の素性を確かめるしかない。ポイント制もなく、素人どうしがたんにお話するだけという、なんのためにあるのかよくわからない機能だった。

とは言え、私はそのサイトで、運よくふたりの女性と会うことができた。ひとりは三十代の人妻、もうひとりは二十歳のフリーターである。

どうして、このふたりと会うことができたのだろうか。理由は、女性は占いが好きだからである。ゆえに、こうした占いサイトの女性供給量は多い。そして男性から見た、出会える女性のカテゴリとしては、人妻やフリーターが圧倒的だ。

男性に人気が高いであろう女子大生は、実生活での出会いが多い環境下にある。なりすましではない本当の学生なら、目が肥えている可能性が高く、会えたところでふられるのがオチなのである。

その点、人妻やフリーターは、実生活に満足しておらず、日常に不満を抱えている可能性が高い。そのストレスを吐き出したいという願望が強いはずである。

ちやほやされたり、やさしくされたりする経験が、現実に少なくなっているのだろう。私はそうしたカテゴリに該当する相手をターゲットとしていた。だから、早い段階で相手がどのカテゴリに入るのかを見きわめないといけない。

——こんばんは、ミナさん。山崎《やまざき》と言います。僕は蟹座《かにざ》のA型です。ミナさんはなに座ですか？

最初のメールは、これをテンプレート（定型文）として使った。

――こんばんは、山崎さん。私は牡牛座《おうし》のB型です。

こうして、こちらからの質問に素直に答えてくれる場合は、やりとりがつづいてゆく。

――そうなんだ。この占いサイト、おもしろいよね。こんなふうにメールでやりとりできるなんて、びっくり。ミナさんと話せるなんて、僕は運がいいよ。

文中では、しつこくない程度に相手の名前を呼びかけた。

――そうだね。私もよくわからないままメールが届いたんで、びっくりしちゃった。

――占いは、やっぱり人気があるよね。××さんは、いますごい人気の占い師で、当たるって評判だもんね。僕も彼の占い、好きなんだよ。ミナさんも好き？

――うんうん、好き。私の性格占いもばっちり当たってたもん。

――僕のも当たってたよ。僕はアパレル業界に勤めてる三十代なんだけど、ミナさんは、なにしてる人？

ここで、女性のカテゴリを特定する問いを投げる。

――私は二十歳のフリーターだよ。

——へえ、若いなあ。でも、フリーターだとたいへんだよね。僕もフリーターだったときあったけど、ミナさんは毎日楽しい？

——けっこう、楽しいよ。

——そう。楽しいのはいいね。自由だし、かなり遊んでるんだね。

——そんなこともないけど。

——いつもなにして遊んでるの？

女性の日常や趣味を探る質問を挿し入れてみる。

——んー、友達とおいしいもの食べたり、カラオケ行ったりかなあ。

——おいしいもの！　いいなあ。最近食べたのはなに？

——たい焼きかな。甘いもの好き。

——あんこ系は、僕も好きだな。それ、外がカリカリの？　それともやわらかめのやつ？

こうして共感できる部分は吐露していき、相手に興味関心があることを示していく。

——カリカリのやつだった。

——なんか読んでたら、たい焼き食べたくなってきた。

——ふふふ。

——ここのメールだと、字数制限があって、あんまり話せないよね。もし、よかったら直メしない？

——いいよ。

——じゃあ、暗号でメアド送るから、そこにメールちょうだい。

——了解。

——小文字で、えーぜっと1××5アットどこもです。よろしく。

さて、メールが来るだろうか。十分ほどで、携帯電話に彼女からメールが届いた。

——こんばんは。ミナです。届いたかな？

この瞬間、自分のシナリオどおりにことが運んでいると確信し、テンションがかなりあがった。

同時に、三十八歳の人妻ともやりとりを重ねた。それ以外にも数十人とマッチングされたけれども、サイト内でのメールの最中に、連絡がとだえてしまうことがほとんどだった。

二ケタ以上メールのやりとりがつづくと、直メールアドレスの奪取や対面出会いへと立てつづけにうまくいった。

人妻の裕子《ゆうこ》さんのときは、こんな直メールのやりとりで会うことになった。

――裕子さん、返信ありがとう。これで、字数制限を気にしなくてよくなったから、うれしい。

――そうだね。ところで、山崎さんはいくつなの？

――僕は三十五歳だよ。裕子さんはいくつなの？

――じつは……サイトでは二十代ってことにしてるんだけど、本当は三十八歳なんです。幻滅した？　しちゃうよね？

――幻滅？　しないよ。よくあることでしょ。どうしても年齢を若くしておきたくなっちゃうでしょ。べつに年は気にしませんよ。

――ありがとう。そう言ってくれて、ホッとした。

――裕子さんは、どこ住みなの？　僕は東京の板橋《いたばし》区に住んでます。

――埼玉の上尾《あげお》です。すごく田舎です。

――へえ、そうなんだ。ずっと上尾暮らし？

――生まれも育ちも上尾です。

――じゃあ、上尾で薬剤師をやってるんですね。僕は生まれは千葉の船橋《ふなばし》。そこもかなり田舎でしたよ。でも、都会より少し田舎のほうが住むにはいいといまは思いますよ。

――たしかにそうかもしれないですね。

――薬剤師の仕事って、薬を調合することくらいしか僕はわからないけど、自分に合った薬を作れるの？

――自分に合った配合量を調整したりはできます。でも、新しい薬とかは作れませんね。

――そうなんだ。でも、自分に合った配合量を調節できるのは、スゴいなあ。裕子さんに調合してもらえた薬なら信用できる。

――でも怖いですよ、どんな配合されるかわからないから。山崎さんはファッション関係の仕事だそうですけど、どんな仕事？

タメ語が混じり、こちらへのプライベートな質問が出てくるようになってきた。

――いまは、お店の店長をしてます。ブランドジーンズ専門の店なんだけど、それだけじゃ立ち行かなくなって、いろいろなブランドの服を扱うようになったかな。裕子さんはジーンズはく人?

——よくはいてるよ。ブランドじゃないけど。ブランド品は高いでしょ?

——そんなことないよ。最近はユニクロなんかと競らなきゃいけないから。価格もお手ごろなのが出てるよ。とか言っても、ユニクロよく着てるけどね。

——私もユニクロ着てるよ。安くて、いいのが売ってるしね。

——裕子さんは、なんかジーンズが似合うような気がするなぁ。

——そうね。あんまり着飾ったりはしないかな。タイトなボトムにTシャツみたいなのばかり着てるから。似合うかはわからないけどね。

——いや、たぶん似合ってると思うな。見てみたいな。今度よかったら、いっしょに遊びに行きましょうよ。どうですか?

——遊びに行くって、どこに?

——そうだなぁ。池袋《いけぶくろ》においしい創作料理の店があるから、そこで食事するのはどうですか?

——池袋だったら、出やすいかも。

——裕子さんの都合のつく日で構わないけど。土日が僕は希望だけど大丈夫かな?

――たぶん、大丈夫だと思います。

――じゃ、明日あたりに都合のいい日を連絡ください。そうだ！　食べられないものある？

――特にはないよ。

――では、楽しみにしてますね。

翌日に連絡があり、翌週の日曜日の夜に、約束を取りつけた。同時に、二十歳のフリーター里沙《りさ》ちゃんとも会う段取りをつけ、ふたりの品定めを敢行した。

フリーターの里沙ちゃんとは、彼女の住んでいる八王子《はちおうじ》市内のカラオケボックスにお昼から繰り出した。

ベージュのショートコートに身をくるんだ、ややぽっちゃり目の体型だが、二十歳なので肌にはハリがある。ボックスに入って脱ぐと、Tシャツの胸が大きく迫り出している。

数曲歌ったあとに歓談し、隣へとにじり寄った。彼女の目を見つめ、手を取る。いやがる様子はなかったので、ぐいっと引きよせて、頬にキスした。

「あっ。いやっ」

舌を挿し入れようとすると、顔を離して拒絶された。

大きな胸の張り出しが、先ほどから気になってしかたなかった。まるみを帯びたふたつの山のうち、向かって左の乳房をTシャツ越しに鷲《わし》づかみにして持ちあげる。

「やわらかいね」

口を少しとがらせてなにか言いたそうな気配の彼女だったが、上目遣いでこちらをのぞくように見るだけだ。

Tシャツの裾をまくりあげようとすると、

「やっ、ダメっ」

短く叫ぶと、シャツを下に引っぱって抗《あらが》う。

彼女の背中にまわしていたもう片方の手で、ホックをまさぐる。プッという感触がして、ブラがゆるんだ。

「ちょ、ちょっと待って」

彼女はあわててTシャツ越しに胸を押さえようとしたが、私の手が背中を撫《な》でたのに反応して体をビクッとさせ、胸を前に突き出してしまった。

その胸を、私はTシャツ越しにむにゅっとつかんだ。

「あっ、やわらかい」

わざと声に出す。

お餅《もち》のようにやわらかいおっぱいを、くにゅくにゅと揉《も》みまくった。その先端を指で左右にこすると、彼女が私の手を押さえた。先がピンと立ちあがっている。

「ダメですっ」

里沙ちゃんの頬が赤く染まり、目が潤んでいる。

あまり激しくするのはまずいかなという思いと、今日の夜に会う人妻との邂逅《かいこう》に私は頭を取られた。

「昼ごはんを食べに行こう」

そう言って、ことを運ばず、様子を見ることにした。

カラオケを出て、里沙ちゃんの地元で遅いランチを取った。彼女は頻繁にしゃべりかけてくるが、時が経《た》つにつれ、私はソワソワしはじめた。なぜなら、午後の七時には、池袋で人妻と待ち合わせているのだ。

時刻は夕方の四時になろうとしている。こんな時間に別れるには、なにか口実が必要だった。

「ん？　電話だ」

ポケットから携帯電話を取り出して、私は画面をのぞいた。

「どうしたの？」

里沙ちゃんがいぶかしげな表情をする。

「会社から電話が入ってる。ちょっとかけなおしてくる」

そう言って私は席を立った。もちろん、そんな電話は入っていない。頃合を見て、席に戻る。

「会社に戻らなきゃならなくなった」

「どうして？」

「なんか、俺の担当している業者からの搬入がストップしたらしくて。明日のキャンペーンに間に合わなくなるから、その対応を緊急に話さないといけないって」

我ながら、いい加減な理由だ。

「そんなの、誰かほかの人ができないの？」

「んー、たぶん無理だと思う」

「じゃあ、もう帰っちゃうの？」

「これからすぐ来いって言われてる」

「せっかく今日はじめて会ったのに。まだ、時間も早いのにぃ……」

食い下がる彼女に、どうやら気に入られたようだ。

「ごめん。今度、この埋め合わせはするからさ」

席を立って、会計は私がすべて持った。もう私の心は人妻につかまれてしまっていて、すぐにでも今夜のシミュレーションを考えたくて、うずうずしている。

駅まで彼女が送ると言う。いいよと言っても、ついてくると聞かない。

この時点で、次に会うときには、今日以上のことが確実に期待できると思った。

里沙ちゃんと笑顔でさよならを交わし、電車に乗りこむ。中央線《ちゅうおう》で新宿《しんじゅく》まで出て、山手線《やまのて》に乗り換えた。

池袋で降りて喫茶店に入る。待ち合わせまで一時間以上あるが、特に考えるようなシナリオはなく、会ってからその場でいろいろ対応しようと思った。

外に出て、待ち合わせ場所の西口丸井《まるい》前にたたずむ。

「こんばんは。裕子さんですか？」

信号を渡ってこちらに向かってくるジーンズ姿の女性に声をかけた。

「はい。山崎さん?」

十一月の寒さが厳しくなってきたころだ。彼女は、ブラウンのマフラーを巻き、黒のショートブーツに軽く音をさせながら近よってきた。

スレンダーな身体つきが、実際の年より若く見せている。小学生のいる母親には見えない清楚《せいそ》な雰囲気の美人だ。この時点で昼のフリーターを切って、目の前の女性に全力を出すことに決めた。

創作料理店では、食事をおいしいと言って食べてくれた。特に蟹を使った料理がお気に召したようで、甲羅を皿に蟹みそと和えてオーブンで焼かれた果肉の風味がとてもいいとおかわりもしてくれた。

会話も弾み、今日はこのあたりで切りあげようというときに、彼女からのサプライズがあった。

「これステンドグラスなんですけど、あなたに」

紙袋をさし出してきた。

「えっ。うれしいなあ。ありがとう。いま開けてもいいですか?」

「どうぞ」

家の廊下のコンセントに挿しこむタイプの形だ。

「もしかしたら、これ、裕子さんが作ったの？」

「そう」

恥ずかしそうな笑顔で返してくれる。初対面で手づくりの品をもらったのは、はじめてだ。こうしてふたりの女性とつつがなく邂逅することができた。


翌日以降は、ふたりを区別して対応した。さっそく、人妻にはお礼のメールを送り、一方の里沙ちゃんにはメールを送らなかった。このまま自然消滅させられればいいと思ったからだ。ところが、二日後に里沙ちゃんからメールが届いた。次はいつにするというお誘いだ。

だが、すでに興味を失なっていたので、返信する気がない。もし電話がかかってきても、出るつもりはなかった。ただ、メールを一回無視しただけで効果はてきめんで、そのあとのアプローチはなかった。面倒になる前に去られ、ホッとする。

二週間後に裕子とふたたび会う約束を取りつけた。

池袋の北口でモツ鍋をつつく。鍋から皿に具を盛ってくれるエスコートぶりに、これはいけると思った。

夜の九時をまわって、そろそろ次の場所へ……と考えをめぐらせていると、

「あのね、また作ってきたんだけど」

紙袋をさし出してきたが、これにはびっくりした。中に毛糸のマフラーが入っていたのだ。

「これ、作ってくれたの？」

「うん」

これは、もう間違いなく落ちる。もちろん、外に出てすぐにマフラーを首にかけた。

期待以上の入れこみようだ。そのままホテルへ誘ってもよかったのだが、ワンクッション置いて、西口地下にあるバーに入った。ここは外から中が透けて見えるので、入りやすい。端のカウンター席に隣り合わせで座る。

「今回も手作りのプレゼントをありがとう。感激したよ」

「ううん。だって、食事代をぜんぶ出してもらっているから。こんなのじゃ足りないんだけど」

「そんなことないよ。充分だよ」

裕子のプライベートな生活にはほとんど触れず、ふたりの別世界を彼女が感じられるよう慎重に話を進めてゆく。

頃合を見て、カウンターテーブルに置かれた彼女の指にそっと手を触れた。それから、笑顔を浮かべて軽く手を握る。握り返してくる彼女の熱い肌の感触を確かめる。

小一時間お酒を飲み、外に出ると手をつないだ。

「少し、散歩しようか」

うなずく裕子に、私はしなだれかかるよう肩をよせた。そのまま北口のホテル街に向かう。

狭い路地を通っていくと、壁がレンガふうになっているホテルが左手に見えた。肩に手をかけて、思いきって聞いてみる。

「休んで行こうか？」

うつむいたまま、裕子がうなずく。

中に入ると、夜の闇から明るいヨーロピアンふうの白い壁が眩《まぶ》しく、そこにいくつもの部屋のパネルがかかっている。

ここからは努めて明るい口調で話しかけた。

「たくさんあるね。どこの部屋に入ってみたい？」

じっとパネルを見ていた裕子は、

「ここがいいかな」

と、落ちついた感じの部屋を選んだ。中は、派手な装飾品はないものの、緑と木の匂いがしそうな北欧ふうの飾りつけが随所にあった。ベッドはブラウンを基調とした色合いだ。

「シャワー浴びる？」

ここまで来たら駆け引きはいらない。直接問いかける。

「んー、先に浴びてきていいよ」

「じゃ」

そう言い残して、私はバスルームに入った。

彼女は少し落ちつきたいのだろう。この環境と状況に慣れてもらって、このドキドキをじっくり彼女に味わってもらいたいと思った。

なるべく時間をかけて風呂に浸《つ》かり、自分もゆったりとこの瞬間を味わう。

バスルームから出ると、裕子は鏡の前に座って化粧を落としていた。鏡に映る彼女と目が合う。

「ごめんなさい。落としちゃった。ちょっと待っててね」

薄化粧だったのか、ほとんど変わらない。珠《たま》のように艶やかに輝く肌だった。年齢を感じさせない大きく垂れた目が幼さを醸し出している。

私の股間がビクビクと疼《うず》いた。このまま押し倒したいと思ったとき、彼女はすっと立ちあがり、私のほうに向きなおってニッコリ微笑《ほほえ》んだ。

我慢できなくなった私は、彼女の肩をつかんで抱きよせ、その白い頬に自分の頬をからませた。吸いつくような肌だ。頭を傾げて口づける。

「んんん」

中空をさまよっていた彼女の腕が、私の背中にまわる。

熱い抱擁と口づけに我を忘れて、彼女をベッドに押し倒した。そのまま、太ももから臀部《でんぶ》をまさぐる。

「あっ。ダメ。お風呂に入ってないからぁ」

私の強い動きに、このまま艶ごとが繰りひろげられてしまうと感じ取ったのだろう。

彼女の口をふたたび唇で塞ぎ、今度は背中から腕、腰と順番に手のひらを這《は》わせてゆく。

「あっ、あん」

彼女は唇をずらすと、オクターブ高い声をあげて、口もとを右手の甲で隠した。

セーター越しに胸をまさぐると、ふわっとやわらかい感触。麓から先端にかけて、指で挟んで摘まむようにこねあげた。

「あっ、待って」

「もう、待てないよ」

やさしく、リズミカルに揉みしだいてゆく。

「ううぅ」

呻《うめ》くような声をあげるも、本気で抗う様子はない。セーターをたくしあげ、まくるようにして途中で止める。腕が完全に出きらずに、頭がセーターにすっぽり収まった。

タマネギ状態だ。

「ちょっと、なにしてるんですかっ」

くぐもった声で抗議する彼女をそのままにジーンズのチャックを下ろし、剝ぎ取る。

「いやん、待って、待って」

あわてた声をあげるが、腿《もも》まで露出させて、バイオレットの透けたショーツを挟んで露《あらわ》になった太ももとうねるおなかに舌を這わせた。

「あぁん、やっ」

彼女は海老《えび》のように身体をくの字に折り曲げる。

身体をバタバタさせて、セーターを脱ごうとするので、私はさらに下半身を担当した。ショーツも含めてジーンズを一気に引き下ろしにかかる。淡い色の恥毛が視界に入った。

「あっ、ちょっと」

脚をクロスさせて淫らな秘部を必死に隠そうとする。膝小僧に手をかけて、グイッと左右にひろげた。

「だから、ちょっと待ってってばぁ」

ようやくセーターを脱いだ彼女が、上半身ブラだけになって、眉根をよせ、潤んだ目でこちらを凝視する。

私は膝裏に手をそえ、押すようにしてグッと力を入れた。片足首に残るしわくちゃになったショーツの残骸が中空を舞った。

屈曲のかたちに持っていき、すでに充血でぬめり輝くあそこを舌でなぶる。

この状況に私も耐えることができない。舐《な》めながら自分のズボンとパンツを脱ぎ、急いで腰を前に進めた。だらしなく透明な糸を引いたピンポン玉のような先端が、クプッと入りこむ。

「あぁぁ」

脳天を貫く高音を口から吐くと、彼女は身体を小刻みに震わせ、私の男根を膣内に吸いこんでゆく。

彼女の横腹に手をやり、前後に腰を動かした。ペニス全体に圧がかかり、カリ首の裏側まで淫水を滴らせた肉がググッと盛りあがってくるのを感じた。

引き抜こうとすると、ペニスの薄皮がめくれあがるような快感が押しよせてくる。

数回のピストンでたまらなくなった。

「あっ、もうイクっ」

私は小さく叫んだ。

「あっ、あっ」

声にならない彼女の苦悶《くもん》を耳に響かせたまま、急いで引き抜き、精を腹上に放った。

そのあと、もう一度関係を持ったが、人妻相手ではさすがに重く感じられ、フリーターの里沙ちゃん同様に自然消滅をねらおうと思っていた。ところが、さすがに経験豊富な人妻。こんなメールが送られてきたのである。

——山崎さん、これで最後のメールにします。いままで楽しくつき合ってくれてありがとうございます。いろいろさしあげてしまって、ご迷惑な思いを感じられたのではないかと思っています。ごめんなさい。お身体にお気をつけて。あんまりタバコを吸うと、身体に毒ですよ。

ないしょのレコーダー

――東京都・OL・三十一歳

エッチなことに興味を持ちはじめたのは早かったと思います。小学校のころ、アニメ映画を借りにレンタルビデオ店に連れていってもらったときに、成人向けビデオがならぶコーナーをのぞき見たことがありました。

ビデオの箱には男の人のペニスを咥《くわ》えている女の人の写真が載っていて、大人はこういうことをするのか……とドキッとしつつ、アソコがキュンとしたのをいまでも覚えています。

オナニーを覚えたてのころは、友達の家で読んだ漫画のちょっとエッチなシーンを思い浮かべながら、大事なところを触っていました。インターネットが普及してからは、アダルトチャンネルのホームページや官能小説を調べて、ひとり遊びにふけっていました。

未経験のころもそうでしたが、セックスを覚えたいまでも、私は妄想だけではオナニーができません。

そんな私がかっこうのオカズを見つけたのは、少し年上の、いまの彼とつき合うようになってからでした。


「遥香《はるか》……入っちゃったよ……」

「やあん……気持ちいい……」

私の体の上で、恋人が息を弾ませながらつぶやきます。

「ねえ……感じる？」

「うん……チ×チン大きくて、硬くて……奥まで来るの……」

「奥までされるの好き？」

「好き……好きっ」

「遥香のぬれぬれマ×コに入ってるよ……」

「気持ちいい、チ×チン気持ちいい……」

「遥香はエロいな……チ×チン欲しくてしかたないんだね……」

「だって……オマ×コ気持ちいいんだもん……」

恥ずかしい言葉を口にすればするほど、アソコが熱を帯びます。彼の腰の動きが速くなり、絶頂が近いことを知らせてきます。

「遥香、俺もうイキそう」

「あっ……あっ……中で出してくれる……？」

「いいの……？」

「うん、中に欲しい……中でいっぱいイッて……」

「ああっ……遥香、出すよ……」

「ねえ、出して、いっぱい出して……っ」

「遥香、イクよ……イク……ああ、出るっ……」

彼と会った翌日の夜、私はイヤホンをしてベッドに潜りこみました。スマートフォンのボイスレコーダーを開き、いちばん新しい記録を再生すると、聞きおぼえのある声が聞こえてきます。

――ねえ……感じる？

――うん……チ×チン大きくて、硬くて……奥まで来るの……。

自分たちの情事をこっそり録音して、それを聞きながらひとり遊びに興じる――。

言葉責めをする人とつき合っているからこそ、思いついたことでした。

セックスの最中も、いやらしいことをささやかれては身体を熱くしてきた私は、この声をひとりの夜も聞きたい、その声で感じたいと思ったのです。

音声は言葉にならない喘《あえ》ぎ声や荒い呼吸もしっかり収めています。

このベッドで激しく交わったことを思い出しながら、私は右手でアソコをまさぐります。そこはもう熱くて、人さし指を簡単に受け入れてしまいました。

――遥香のぬれぬれマ×コに入ってるよ……。

「ああん……またぬれぬれになっちゃった……」

彼の声に答えるように小声でつぶやきながら、アソコをかきまわします。

――遥香、俺もうイキそう。

「ん……私もイッちゃうよ……ああっ……」

――遥香、イクよ……。

「ああっ、私も……っ」

――イク……ああ、出るっ……。

「いっしょにイクのっ……あ、イクイクっ……」

私はガクガクと身体を震わせながら、イッてしまいました。


その日、私たちはラブホテルにいました。ふだんはどちらかの家で身体を重ねているものの、お互いマンション住まいの身ではあまり騒ぐこともできません。たまにはまわりに気がねなく、思いきりエッチを楽しみたい、と彼にねだったら、ラブホテルに泊まろうか、と言われたのです。

金曜の仕事帰り、軽く食事をしてから目的地に向かいました。シャンデリアふうの照明がキラキラ光る部屋には、キングサイズのベッドが鎮座しています。ここで朝までセックスすることを想像して、早くもアソコが疼《うず》きます。

私はスマホの録音機能をオンにして、ベッドの枕もとに置きました。

「ああ……」

彼に覆いかぶさり、乳首を甘噛《あまが》みしつつ左手で肉棒をしごくと、恋人の口から吐息が漏れました。

基本的には責められるほうが好きな私も、たまには恋人をいじめてみたくなるときがあるのです。

「エッチな声、出てる……気持ちいい？」

「うん、いいよ……手でされるの、気持ちいい……」

「乳首も噛まれて感じちゃうんだ？　女の子みたいだね……」

「ああ……遥香……」

身体をよじる彼を押さえつけて、ペニスを擦《こす》りあげるスピードを速めます。このまま一度、手でイカせてしまおうか、そう思って指に力をこめたときでした。

「俺の声聴いて、自分でしてるの……？」

「……えっ」

「スマホで録《と》ってるの、知ってるよ……」

思わず手を止めてしまいました。

バレてるはずがないと思っていたのに……。

「……いつから知ってたの？」

「けっこう前から……遥香がエロいのは知ってたけど、まさか録音してるなんて思わなかった」

どうしよう。引かれてしまったかもしれない。

なにも言えなくなった私に、恋人はせつなそうな顔をしながら言いました。

「エッチのときの音聴いて、遥香がオナニーしてるのかなって考えたら、興奮した」

ペニスがびくんと動き、私は思わずそれを握りなおしてから白状しました。

「ごめん……そうなの。録音した音でずっとオナニーしてたの……」

「遥香……エロっ……」

「チ×チンしゃぶってるときの音とか、いやらしい声とか……」

「ああっ……」

「ほら、その声……」

「ああ……もう我慢できない」

私の肩を押し返し、彼がのしかかってきたかと思うと、硬いものが中心を貫いてきました。

「ああああぁ！」

「遥香……」

「ああ、感じるっ……」

「隠し録りするような変態には、いっぱいお仕置きしないと……」

「いやっ……」

「チ×チン入れられてうれしい？　ねえ」

「うれしいっ……ガチガチの……チ×チン入ってるの、うれしい……」

「オマ×コぐちゃぐちゃにして悦《よろこ》んでる声が録られてるよ」

「ああん……」

「隠し録りなんかして……いやらしい……」

「だって……声聴いてオナニーしたら、セックスしてる気分になれるから……」

「いつもセックスしたいんだ……変態……」

「うん、したいのっ……すぐセックスしたくなっちゃうの……ああっ」

「遥香っ……」

ピストンが速くなって、私のアソコも収縮を繰り返しています。

「もっと声、出してごらん。いやらしい声たくさん出したら、もっと興奮するよ」

「ああ……いいの。突かれるの気持ちい……」

「そう……もっと大きい声で……」

「もっとズボズボして……オマ×コ壊れちゃうくらいして……もっと……ねえ……」

「壊すよ、いっぱい突いて壊すよ……！」

「あっあっ、それいいの。そこっ……」

「遥香……遥香っ……」

「それ、そのましてっ……ああ、イク、イク、イッちゃうぅ……」

「ああ……俺も、もうイク……」

「気持ちいい、気持ちいいっ……イクイクっ……ああああっ」

「出る、出るっ……ああっ」


ラブホテルの広いお風呂で汗を流してから、ふたたびベッドに潜りこむと、彼がささやきました。

「さっき録ったの、再生してみて」

「えっ……うん……」

恋人がなにを考えているかわからないまま、録音リストを開きます。再生ボタンを押すと、彼は私からスマホを取りあげ、音量を最大にしてからベッドサイドに置きました。

——うれしいっ……ガチガチの……チ×チン入ってるの、うれしい……。

——オマ×コぐちゃぐちゃにして悦んでる声が録られてるよ。

——ああん……。

自分たちの淫らな声が部屋に響きわたります。肉体は疲れているのに、音を聴くとまた身体が熱くなってきます。身をよじらせた私に気づいたのか、彼は私の両手首をつかみました。

「触ったら、ダメだよ」

「いじわる……」

「自分でするのも、チ×チン触るのも、ダメ。このまま聴いてなさい」

——もっと声、出してごらん。いやらしい声たくさん出したら、もっと興奮するよ。

——ああ……いいの。突かれるの気持ちいい……。

——そう……もっと大きい声で……。

手の自由を奪われたままの私は、太ももを擦り合わせるようにして快感を得ようとしていました。アソコはふたたび潤いはじめて、ちょっといじられたらすぐにイッてしまいそうです。

「ねえっ……もう……」

「もう、なに？」

「我慢できないから、お願い……」

彼は音を止めてから、自分のスマホを取り出しました。

「俺も録っていいよね」

録音モードがオンになった画面を見せながら笑う彼に、私はこくりとうなずきました。

「セックスの声聴いて、遥香はどうなっちゃったの？」

「エッチな気分になっちゃった……」

「変態だね……だから、こんなに濡れてるんだ」

彼の指が私のそこに触れ、人さし指でクリトリスを撫《な》でまわします。

「ああんっ」

「すごいとろとろだよ……音聴いただけで、こんなにビショビショにして……はしたないね……」

「ねえ、中もして……」

彼は人さし指の先だけを少し挿入して、動きを止めます。

「そうじゃない……」

「どうしてほしいの。ちゃんとわかるように言って」

枕もとに置いた自分のスマホをちらりと見ながら、彼が命じます。

「指、もっと奥まで突っこんで……」

「こうかな……」

「ああぁっ……いいっ……」

「お漏らししたみたいになってるよ……」

「気持ちいいから……あっ……中指も入れて……」

「中指も欲しいの。じゃあ、入れちゃうよ……」

そう言いながら、彼は中指に加え、薬指も挿しこんできました。

「あああんっ……」

「オマ×コが欲しそうだったから、三本入れちゃった……いやだった？」

「ううん……気持ちいっ……感じるの……っ」

「遥香……どんどんエッチになってくね……」

「言わないでっ……」

「エッチだよ……指、入れただけでこんなに乱れて……ホントにエッチ……」

「ああ……恥ずかしい……」

「遥香はなにされても感じちゃうんだね……私はエッチな女です、って言ってごらん……」

「いやっ、恥ずかしい……」

「言わないとつづきしてあげないよ……」

「それはいや……」

「じゃあ、言いなさい」

「んっ……私はっ……すぐオマ×コ濡らしちゃうエッチな女ですっ……」

「遥香……っ」

「セックスの録音聞いて、いっぱいイッちゃうんです……っ」

「ああっ……」

うわごとのように口から出てくる淫らな言葉に、自分自身が酔ってしまいそうです。

「ねえ……もうイッちゃう……」

「イキたいの……？」

「イキたい……そのままして……」

「ダメ、今日はたくさんイッたでしょ……」

「やだ……動くのやめないで……ねえ……」

「イキたいなら、聞こえるようにお願いしなさい」

「イキたいです……」

「もう一回、言って」

「イキたい……っ」

「もう一回」

「お願いっ……イカせてくださいっ……」

「遥香……っ」

「ああああっ、チ×チン、いいっ……ああんっ……イクのっ……」

それから私たちは、身体を重ねるたびにその様子を録音するようになりました。お互い、オナニーのために聴き返すこともあれば、ふたりでいるときに再生して、セックスのスパイスにすることもあります。

自分たちの行為に興奮を覚えながら、より激しく交わってしまう私たちは、どこかおかしいのかもしれません。

船上では騎乗位で

神奈川県・会社員・五十七歳

揺れがセックスの邪魔をしている。

二十六フィートのモーターボート、その後部にある三畳ほどのコックピットには、頑丈に作られた硬めのソファがセットされていた。

幅が広いそのソファは寝転がるのに向いている。今日は俺がソファに仰向けになり、その上に優子《ゆうこ》がまたがっている。俗にいう騎乗位だ。

優子はビキニの水着の下だけ脱いでまたがっていて、俺はとうぜん真っ裸。

ふたりが乗る船は沖に停泊しているが、横波を受けて常にローリング状態だ。身体をソファの上に落ちつかせるだけでもたいへんだ。

それに俺は、ボリュームのある優子の体重を受けながら、彼女が落ちないように、両手でむっちりした太ももを支えているから、身動きが取れない。

遠いところを走るヨットや漁船。キャプテンとしては気が散り、なんとなく落ちつかない。

これで三度目の挑戦だが、快感よりはボートをラブホテルがわりにしていることに、俺は優越感をおぼえていた。いずれ誰かに「ボートでヤッたぜ」と話し、羨ましがる相手を目にして、俺は喜びたいのだ。


いまから三十年ほど前、バブル絶頂期のころの話だ。入社して三年目、俺は二十五歳だった。好景気があと押しし、会社は中小から脱却して、そろそろ大企業になろうとしていた。

ホクホク顔の会社が、ゆいいつ困っているのは新人の採用だった。そこで上層部が考えたのが、福利厚生の充実。そのひとつが魅力的な部活動だったのである。

そんななか、大学時代にヨット部に在籍し、小型船舶の免許を持っている俺に白羽の矢が立った。ボート部を作ってモーターボートを購入し、クルージングや釣り、水上スキーやウェイクボードをやろうというのだ。

従業員数も千人を超え、二部上場もした。とはいえ、モーターボートはさすがに高価。船舶取得に一千万円以上、年間維持費も二百万円ほどかかってしまう。

それでも会社はやる気だった。すでにある野球部、サッカー部、将棋部、茶道部では、アピール度が低いと上層部は判断しているようだ。

「君に任せるから、モーターボートとマリーナを選定してくれ。金はいくらかかってもよい」

総務部長じきじきに任務を受け、速攻で調査し、船の見積りを取り、マリーナを決めた。

艇は二十六フィートにした。ひとりでも離着岸できるぎりぎりのサイズだ。船舶免許を社員で持っているのは俺だけで、当面はひとりですべてをやらねばならないからだ。ボート部の部長は、とうぜん俺になった。

部費が月に千円。それさえ払えば、モーターボートに乗れる。そのうえ部員であれば、家族や友人を誘ってもオーケーにした。

船を自分で操縦してみたいという社員はたくさんいた。部員集めをすると、あっという間に二十人を超え、女性が五人も入部した。

とりあえず、五人に船舶免許を取ってもらう。最初に取りかかったのは、操船のコーチングだった。難しいのは離着岸。それを徹底的に教えこんだ。

船舶免許を持っていれば、部員は誰でも操船できる規約にした。そうすれば俺自身が楽になるだけでなく、よりボートを好きなように使えるのだ。たとえば、飲み屋のお姉さんを乗せたりとか。

四月に発足したボート部は順調に部員を増やし、初夏のころには五十人を超えていた。

発足時に飲み会を開いて以来、毎月、同志による宴会を開催していた。そのつど使う二次会の店は、俺の行きつけのスナック「ミドリ」だった。

ママさんと女性アルバイトふたりの小さな店に、ボート部員十人以上が一度に入店する。ママさんは大喜びだった。

アルバイトふたりもはしゃいでくれた。そのひとりが優子だ。近くの大学に通う二年生。まだ十九歳だが、アルコールに強く、男あつかいにも慣れていた。

チョイポチャで、美人というよりはかわいいタイプだ。笑うと両頬にできるエクボが愛らしくて、童顔がさらに子供っぽくなる。じつは昨年の春、店ではじめて会った瞬間から気に入っていた。

俺はとくだん、モテるほうではないし、顔もスタイルも十人なみ。大学生のとき、ソープで童貞を卒業したが、素人童貞のままだ。

六月になって蒸し暑い梅雨空のなか、スナック・ミドリにボート部員十人で入った。いつものように、微笑《ほほえ》むママが右隣に来て、正面に優子が座った。

毎月、十人以上連れてきて、六、七万は置いていく。とうぜん、俺への待遇はよい。

「ねえ、マコちゃん、ボート乗せてよ」

ママが耳もとでささやいた。

「ああ、いいよ」

「優子ちゃんもいっしょでいいよね」

「もちろん」

そこからは小声で話し、乗せる日を決める。

超ご機嫌になったママは、歌のうまい部員とデュエットして踊りはじめた。

ママは四十代、店の中では和服だった。噂《うわさ》では、どこぞの社長の妾《めかけ》らしい。

ママは美人だが、俺とは十五歳も年が離れているので、恋愛の対象や、セックスの相手には不釣合……。

　俺は、そう思っていた。


　六月末の月曜日、俺は休暇を取り、ひとりでマリーナに向かった。前日のうちにマリーナに頼み、モーターボートは船台から浮桟橋に下ろしてある。

　十時十分前、そろそろママと優子が駐車場に着くころだ。

　キャビンに入り、ステアリングを握ってエンジンをかけ、ニュートラルを確かめてからスロットル・レバーを押す。唸《うな》る排気音とともに、グワンと船体が揺れた。

　新艇の調子は、今日も抜群だ。

「おはよう」

　サイドウインド越しに、ママと優子の声がした。

「おはよう。迎えに行こうと思ったのに、よくここがわかったね」

「駐車場のおじさんが教えてくれたのよ」

　浮桟橋に立つママが笑う。隣の優子も両エクボができている。

　乗船のしかたを教えると、ジーンズ姿のふたりが大股になってサイドデッキを越えてきた。ママはヴィトンのショルダーバッグ、優子はリュックを背にしている。ふたりが水着に着がえると言うので船室に案内し、ついでに個室トイレの使いかたを教えた。船酔いをしたら、ここに逃げこむのがいちばん。デッキで吐くと落ちる可能性がある。

本来は全員、ライフジャケットを着るべきだが、当時の法令は強制ではなかった。それに、その日の海は鏡面のように凪《な》いでいた。梅雨の快晴日は、こんな恩恵がもらえるからうれしい。

ママが水着になって出てきた。いつも和服だったから、ジーンズ姿だけでも驚いたが、水着になると十歳は若返っている。

そして優子は、かなりきわどいビキニ。胸とヒップのボリュームが半端ない。

ふたりは運転席の隣にある、助手席に並んで座った。

マリーナのスタッフに舫《もや》いを解《ほど》いてもらい、離岸。船を半回転し、外海へ向かせて、スロットルをじょじょに開けてゆく。

エンジン回転を三五〇〇ｒｐｍで止めて、三十ノットで波を切っていくが、海の上では時速八十キロほどに感じる。気温三十二度だが、サイドウインドを開けると爽やかだ。風に髪をたなびかせ、ふたりが喜んでいる。

舵《かじ》を江《え》の島《しま》方向へ切った。

「どこか、行きたいところはある？」

そうたずねると、

「初島《はつしま》」

ママがエンジン音に負けない声で言った。

「了解」

障害物のない海をまっすぐ走っていると、ステアリングを握る俺に、ときおりふたりの視線が集まる。

ふだんモテないやつでも、ボートを操ると一気に株が上がる。いまは、まさにその状態だ。俺のモテ期がやっとはじまった。

初島でたらふく食べ、マリーナへ船を向けてスロットルを押す。

ママが「お手洗い」と告げ、個室トイレに入ったとたん、

「ねえ、次は私だけ乗せて」

優子が言いよってきた。いつになく真剣な目つきだ。

「了解。そのときは、水着はいらないよ」

笑いながら、そう返すと、

「マッパで乗るの？」

「そう」

「まっ、いいかな」

これだから、キャプテンはやめられない。

ママが個室から出てくると、優子が「私もトイレ」と言って、ドアを閉めた。すると、ママからも同じように「ふたりだけで」と口説かれてしまった。

最高の流れだ。


七月の上旬になって、土日二日つづけて、ボート使用の予約のない週があった。

俺はその二日をママと優子、それぞれに当てた。土曜が優子、日曜をママにすると、どちらも大喜びだった。

土曜の朝八時、優子を乗せてマリーナを出港。

優子は、今回は違うビキニに着がえた。前よりもさらに大胆で、ほとんど紐《ひも》だ。

その優子がはみ出した乳房をこすりつけるほど、俺に近づいてきた。

ステアリングを握っているが、トランクス型の水着の中で、ペニスが微妙にふくらみ出す。

「どこ行くの？」

「もっと沖に出よう、まわりに船がないところまで」

「エッチなこと考えてるでしょ？」

「まあ……そうかな」

「正直ね」

優子が笑った。

優子とはミドリで何度も話し、気心は知れている。彼氏なしの優子を部員がねらっていたが、誰ともつき合っていない。どうやら、話が合うのは俺だけのようだ。

たまに、冗談まじりに「俺とデートしない」というと「またぁ、本気なの」とかわいく微笑み、はぐらかされていたが、優子はどことなくうれしそうだった。

だから言葉多めに、優子を口説く必要はなさそうだ。

沖合、三・八海里、二級免許ぎりぎりまで行き、エンジンを止める。

「そこ、ふくらんでるよ」

優子が俺の海水パンツを指さした。

「反応するさ、そのビキニ見たら」

「そうかなぁ」

そう言いながら、優子が手で胸を揺すった。タップンと音がした。刺激が強すぎる。

「あそこに座ろうよ」

優子の視線は、コックピットのシートに向いていた。

優子の身体を支えながらいっしょに座わると、阿吽《あうん》の呼吸でキスがはじまる。思ったとおりのやわらかな唇だ。

優子の手が俺の海水パンツに伸び、ペニスを撫《な》でる。素直に反応し、完全に勃起した。

優子を裸にしたくなった。ビキニの上下どちらも、花結びでとめてあるので、片手で簡単に解ける。

「ここでしよう」

「うん」

優子が尻を浮かせて下のビキニを取りやすくする。俺も速攻で海水パンツを投げ捨てた。

一度離れて、自分の上に優子がくるようにした。座った俺の腰の上に、優子が同じ姿勢で乗るかたちだ。

前に手をまわして両乳首を指先でつまみ、唇でうなじを舐《な》めた。

「ああん……上手ね」

左右の乳首が一瞬でしこった。

右手だけ下ろしていき、恥毛で軽く遊んで、ヴァギナに触れる。優子の身体がピクンと跳ねた。

「エッチ……」

甘え声の優子の尻が動き出す。ヴァギナも疼《うず》き出したようだ。

クリトリスをそっと押しこむ。それだけで優子の呼吸音が高くなった。

左手も下げて、膣口を確かめると、すでにビチョビチョだ。

「入れて……ねぇ……」

優子が自ら腰を浮かせ、ペニスを迎えようとする。

なにもせずに任せていると、優子の手が伸びて、カチカチの肉幹をつかんだ。

そして、静かに沈めていく。ぬかるみに、ヌルッと先っぽが侵入した。

「入っちゃった」

実況する優子。あとは俺が突きあげてゆく。船上に男女の嬌声《きようせい》がこだました。

そして翌日の日曜は、ママが乗った。モーターボートと俺の上に……。

夢のような日々だったが、バブルははじけた。会社の業績は地に落ち、ボート部は船とともに消えた。スナック・ミドリは、面倒を見ていた男の会社が倒産し、それで閉店。以来、騎乗位好きなふたりとは会えずじまいとなった。

あれから三十年……。

バブルのころが懐かしい。

お姫様のつぼみ

──────大阪府・会社員・五十四歳

「伊藤《いとう》チーフと経理の東《ひがし》さん、つきおうてはるの知ってます？」

そう言ってきたのは、事務の石田香織《いしだかおり》だった。

社内改革で、三十歳の伊藤がフロアのチーフに任命された。趣味が命の私は、仕事ではうだつが上がらず、完全に追いこされていた。

相手の東さんはバツ二。四十代後半だが、若くして出産したので、孫が生まれたばかり。常にスタイルに気をつけている美魔女だ。

まあ、お互いに独身だから、不倫ではないのだが……。

他人の色恋沙汰にはうとい私は、驚くばかり。

私も香織も残業を押しつけられることが多く、ほかの社員が退社したあとに話をする機会が多かった。特に新チーフに代わってからは、香織から仕事の相談や愚痴を聞くことも多くなった。

自分は種なしだったので子供がいない。そのためか、気持ちや話しかたがまだ三十代のままで、三十代なかばの香織に対しても、逆タメ口になってしまう。

「親子ほど差があるのに、やるなぁ。東さんなんて、子供に乳吸いきられてふにゃふにゃなんじゃないの？」

「へえ、やっぱり海条《かいじょう》さんも、おっぱいは大きいほうがええん？」

じつはそうだが、香織に気を使って、

「いや、大きすぎてもあまるから、手に収まるほどほどがいちばんだな」

と答えておいた。

「ふにゃふにゃよりは張りがあったほうがいいけど、石田さんは、まだ張りがあるでしょ？」

「今度、試してみますか？」

「いいの？」

「ホンマにやったら蹴りますけどね」

すぐにセクハラと騒ぐ若い子たちとは違い、そこそこノッてきてくれるところがじつによい。

他人の恋愛話から香織と艶っぽい話に移り、俺に気があるのかな、と妙な期待が芽生えた。

香織は仕事のときでも、話をするのに平気で近くによってくる。夏場はブラウスの首もとから胸の谷間がのぞけてしまうのでドキドキしていた。


「今度、野球観《み》に行こうよ」

どこどこ球場まで遠征して観戦したとか、春にはキャンプに行き、地元TVニュースで選手にサインもらっている場を映されたとか、いつも趣味の野球の話を聞いてもらっていた。

「前は彼に連れていってもらってたけど、最近はぜんぜん行ってへんなぁ」

香織がそう言ったのをチャンスと受けて、誘ってみたのである。

「うーん……ええですよ」

「本拠地まで行くけど、デイゲームだから遅くならないよ。車で行って、駐車場から球場まで少し歩くけど、途中で食事おごっちゃうから」

「食事で釣る気やな」

「それもある！」

「帰りとか寝てまいそう」

「寝たら、どこに連れていくかわからんで」

「えっ、なに言ってんですか。蹴りますよ」

言いつつも、香織は誘いに応じてくれた。

シフトを調整し、休日を合わせた。

応援球団の本拠地までは、高速道路を使って二時間ほど。朝早めに出発した。

車内という密閉空間で会社の話だけでなく趣味の話をして、ふだんはわからない香織の私生活もわかってきた。

「今日はかおりんをお姫様対応させていただきます」

と、はじめて名前で呼んでみた。

「私ばっかり名前呼びはあかんわ。海条さんも名前でええ？」

「ええよ。誠《まこと》だからまこさんとでも呼んでくれ」

より親密になった。

車を降りて球場に向かう道中で、さりげなく手をつないだ。はじめて彼女とデートしたような気持ちになった。


案の定、帰りは渋滞に巻きこまれた。車内で話をしていた香織の声が急に聞こえなくなったので、横を見ると寝入っていた。

本当に寝ているのか。どこか連れていっても、オーケーということか……。

高速を下りてホテルに車を走らせた。道中のめぼしいホテルはチェックずみだ。

あわてて事故っては家内にバレてしまう。落ちついて、落ちついてと、自分に言い聞かせる。

二十代に戻ったように高鳴る鼓動が気持ちいい。もし失敗したとしても、こんな気持ちになれたのだから、それはそれでよかったのかもしれない。

ホテルの駐車場に車を停《と》めた。駐車場から部屋につながる構造だったので、急がずともひとまず部屋は確保した。

助手席で眠っている香織の唇をそっと奪った。

「ん……」

目を開ける香織。

「えっ、マジですかぁ」

薄暗い駐車場で、どこに車が停まっているか気づいたらしい。

「かおりんが、いとおしいんだよ」

顔を近づけたまま話す。

「私、そないな女やないです」

「お願い。試しにオジサンも食べてみてよ。若い子みたいに、力任せにしないから」

「私、太っとるから……」

「そんなことないよ」

むっちり感はあるが、太っているほどではない。

女性は気にするのか……。

「ボクはむっちりしたほうが好きだな」

ふたたび香織に軽くキスをすると、今度は反応があった。軽く口を開けて、受け入れてくれたのである。思わずギュッと抱きしめた。

車から降り、助手席側にまわってドアを開ける。香織の手を取って、エスコート。

「お風呂、先にどうぞ。まず温まって」

彼女を先に入浴させたのは、覚悟を決めさせるためでもあった。

しばらくすると、長い髪をキャップに収め、ホテルのガウンを着た香織が出てきた。

「じゃあ、俺も入らせてもらうね」

つづいてシャワーを浴びて部屋に戻ると、ベッドに腰かけていた香織が立ちあがった。髪を下ろしていてセクシーだ。

「私とでええの？」

「もちろん。願ってもないことです」

抱きよせて、キスをする。唇からうなじへ。

「なんか当たっとる……」

「こんなに硬くなるの、久しぶりだよ。かおりんがセクシーだからだな」

香織をベッドに腰かけさせる。

彼女の前でひざまずき、閉じられた両ももに顔を埋《うず》める。ガウンから伸びる内ももに唇を這《は》わせた。片脚を持ちあげると、香織は股間が見えぬようガウンを手で押さえた。持ちあげた足の太ももから膝、そして脛《すね》と順番に舐《な》めまわす。

最後はチョコレート色のマニュキュアで塗られた足の指を口に含んで、ねっとりと舐める。

「あ、そないなとこまで……」

「お姫様に仕える下僕ですから」

「あン……」

香織が発した。

ある程度の男性経験があっても、ここまでされたことはなかったであろう。かく言う私も、足指なめは初。パワーでは押せないので、小技を使って満足してもらわなくてはならない。

香織をうしろからギュッと抱きしめる。職場で薫る軽い香水に混じり、香織の身体の匂いを強く感じた。

「あぁっ……」

ガウンの上から手のひらでツンと立った香織の乳首を軽く転がす。

息が荒くなってきたところで、ゆっくりと香織の身体をベッドに横たえる。

腹部までのボタンをはずして、ガウンを開く。片手で収まるくらいの、お椀《わん》形の乳房が露出した。

「そない見たらあかん」

「かおりん、かわいい。すごくかわいい」

「ホンマに？」

乳房から鎖骨から腋《わき》の下……上半身を指先で刺激しつつたっぷり舐めまくる。

まだ、ガウンは脱がせない。

「かおりん、ちょっと起きて」

手をそえて、香織を起こす。

「膝立ちして」

ベッドの上で香織を膝立ちさせると、両脚の間に仰向けで身体を滑りこませた。

両手で香織の腰を持って、彼女の股間を自分の顔に下ろす。

「ええっ？」

驚く香織。

ぐちゃぐちゃに湿った陰毛と陰部が顔に当たる。むわっと女の匂いが襲ってくる。

「ジュース、いただきます」

薄暗いガウンの内側で香織の谷間を開き、ヒダに包まれた肉のつぼみをむき出しにしてやる。

そして肉つぼみやヒダを吸い、舐める。壺《つぼ》の中まで舌を挿し入れて、ドリルのように、グリグリとあごが疲れるまで突きまくる。

ガウンの外から甲高いあえぎ声が聞こえてくる。

こんな声も出すのか……。

ガウンから顔を出すと、香織がうつ伏せに倒れこんだ。膝立ちしていただけなのに、息が荒い。

うしろにまわり、彼女の腰を持ちあげる。ガウンをまくると、ぷりっとしたお尻が現れた。そのお尻を左右に開いて、今度はアナル責めだ。

「あかん、あかんて、ソコは……」

隠そうとまわしてくる手を押さえ、アヌスの中に舌を入れんばかりに舐めまくる。

キュッと穴が締まった。

お互い興奮もマックス。ガウンを脱がすと、色白の肌がピンクに染まっていた。

そろそろ挿《い》れるよという雰囲気になったところで、緊急事態が発生した。

あまりに奉仕に夢中になりすぎて、チ×チンが萎えてしまっているのだ。

疲れてしまったわけではない、気持ちは興奮している。うなだれた先端からは、ガマン汁が糸を引いている。若いころにはなかった現象に襲われた。

バレないように背後にまわり、首すじや背中を舐めつつ片手で香織の谷間を愛撫《あいぶ》。ぴちゃぴちゃといやらしい音が聞こえてくる。

もう片方の手でマスかきの要領でしごいてみるが、フニャチンのまま。このままではインポと思われるか、私に魅力がないからだと嘆かれてしまいそうで焦りが生じる。

こんなときはしゃぶってもらうのがいちばんだが、白髪まじりの陰毛が恥ずかしくて、言い出せない。

焦らすのも、もう限界か……そんなときだった。

「あかん……もう挿れて……」

紅潮した香織が振り返り、上目づかいでつぶやいた。

そのひとことが、チ×ポを巨大化させた。

「お姫様の命令ですか？」

「そう、命令。これ……挿れなさい」

香織が後手で私のチ×チンを触ってきた。

間一髪で間に合った。もう硬さに問題はない。全裸になった香織の上に覆いかぶさり、ギュッと抱きしめる。

むっちりとした身体は吸いつくようにやわらかかった。一度抱いたら離れられなくなるほどだ。

スキンを装着し、彼女の両脚を開いた。

にゅるり。

シーツに染みをつけるほど愛液を流すオ×コに、ビンビンのチ×ポがハマりこんだ。痙攣《けいれん》したように、ビクビクと身体を震わせる香織。

あぁ、これが香織の体内か……スキンをつけて感覚が鈍くなっていなければ、速射していたかも。

ゆっくり奥まで、時に抜いて、赤いつぼみに突きあてて刺激したりと変化をつけた。

つづいて四つん這いになってもらい、バックから腰を使う。たぷんと垂れた乳房を揉《も》みながら突くと、香織も腰をくねらせた。

締めつけに耐えきれず、間もなくフィニッシュ。

「すごく気持ちよかった。ありがとう」

香織の髪を撫《な》でながらのキス。

体中をさわさわと微《かす》かに触れまわると、そのつどビクンビクンと香織の身体がうごめく。

後戯もおろそかにしない。肉のつぼみもちょこちょこと刺激してやる。

「もう、あかんて。またしとうなるやろ」

「なっちゃえば」

「帰らな。遅なるで」

「しかたないな」

口ではそう言ってはみたが、急には復活できないのでここまでだ。

「こないエッチとは思わへんかったわ」

「かおりんもかなりエッチじゃないか」

「エッチのHは変態のHやで。あんなことやこんなことまで……」

「かおりんのためにがんばらせてもらいました」

シャワーを浴びて、帰途についた。

久しぶりのハッスルがたたって翌日は腰が痛かったが、昨日、歩きすぎたかなと家内や周囲にはごまかしていた。会社でも周囲にバレぬようお互い素っ気ない態度を取り合う。

次の機会がないまま数週間が経《た》ち、あの吸いつくような身体が恋しくなった。

「今度、休み合わせてドライブにいかない？」

それとなく聞いてみた。

「残念。もうあかんで」

香織が掲げてみせた左手薬指には、リングが光っていた。彼氏は香織の身体を手放していなかったのである。

年上の女

埼玉県・アルバイト・七十一歳

別荘のベランダで真っ白なブラジャーを左手に持ってその匂いを嗅ぎ、文代《ふみよ》の残り香を胸の中いっぱいに吸いこんだ。

つづいてテーブルの上に文代のパンティーをひろげ、マン筋を凝視しながら、自慰に励む。

もちろんだが、この下着の主で、はるか眼下の砂浜で日光浴をしている文代をときどき見おろしては興奮を高めることも忘れない。

右手を一心不乱に動かしつづけているうちに、やがて絶頂が訪れた。

「うっ、ううぅ」

周囲に誰もいないのをいいことに、ベランダから庭の草叢《くさむら》に向けて、大量の精液をまき散らす。

射精を終えた瞬間、手すりに寄りかかっているにもかかわらず、両膝がガクッと折れた。興奮度が高かったせいか、若い俺でもグッタリとするほどの快感だった。


あれはたしか一九七〇年、学生運動が盛んだったころだった。大学出で三歳年上の従兄《いとこ》が全共闘《ぜんきょうとう》とかべ平連《へいれん》などという言葉をよく口にしていたが、俺は高校卒業後すぐに働きはじめていたので、学生運動にはまったく興味がなかった。

そんな夏のある日、従兄に誘われて伊豆《いず》へ泊りがけで海水浴へ出かけた。従兄が勤めている税理事務所の取引先である洋菓子店の社長の別荘である。

従兄と東京駅で落ち合うと、従兄がもうひとり来るからと言う。

まもなく美形の女が従兄に手を振りながら近づいてきた。お互いに紹介されて軽く会釈をする。

彼女の名は文代。従兄の職場の同僚で、従兄と同い年だそうだが、恋人とかの関係ではないそうだ。

「これ、棚に乗せてくれない」

文代が俺に大きな旅行バッグを押しつけてきた。俺がどんなタイプか試しているのだろう。

バッグを棚に乗せてやると、まもなく列車はホームを滑り出した。

この時代は、横浜《よこはま》駅での停車時に焼売《シウマイ》弁当を買って食べるのが楽しみのひとつでもあった。

終点で駅を降りると新鮮な魚介類の食糧を買いこみ、そこからバスに乗って松崎《まつざき》の手前の雲見《くもみ》でバスを降りる。

浜辺へつづく細い道を行くと、まもなく別荘が現れた。

預かってきた鍵でドアを開けると、従兄は気分よさそうに入っていった。

ところが、運悪く居間の電球が切れていた。

「隣の停留所の近くにドライブイン兼雑貨屋があったから、暗くなる前に買ってくるよ」

従兄はそう言い残し、出かけた。残された俺と文代はゴロゴロしながら他愛もない会話をしていたが、その会話のネタも尽きてしまい、浜辺に下りてみることにした。

ベランダに出て周囲を見わたすと、この別荘以外に建物はなく、眼下に見えるのはプライベートビーチのような小さな入り江だった。

ベランダから出てみることにして俺が階段を下りていくと、文代もすぐあとについて下りてきた。

そんなとき、

「あっ、ああ」

という叫びに振り向くと、文代が俺に突進してくるではないか。最後の一段を踏みはずしたようだ。

俺の上に彼女が負いかぶさるように迫ってきたので、海へとつづく坂道に重なったまま倒れこむ。

文代のおっぱいが、俺の顔をムギュッと塞いだ。息をするために、右に顔を動かすと、やわらかいおっぱいがグニュッと揺れる。

文代に悪いと思って反対側に顔を向けると、今度は反対側のおっぱいがグニュッと揺れた。

文代の表情は見えないが、俺の太ももをまたいでいる彼女の股間の温かい肉感が伝わってくる。

心なしか、割れ目の形まで感じ取れた気がした。

思わぬ出来事に、俺の心臓はパクパク。起きることができないのか、彼女はまだ動かない。

俺は心臓がパクパクしているのを悟られまいとして、文代の両肩に両手を伸ばし、

「大丈夫？」

と、声をかけた。

「ごめんなさい」

と謝りながら、文代がやっと起きあがった。

この事故のおかげで、俺たちは互いに親近感が湧き、フランクに話ができるようになった。

しかし、一度室内に戻って出なおすことにした。彼女は両手が汚れた程度だったが、俺のシャツの背中が草で擦《こす》れ、汚れてしまったからだ。それに両方の肘を擦りむいてしまい、血がにじんでいる。

そんなとき、戻ってきた従兄が俺の肘を見て、

「どうしたの？」

と訊《き》いた。

説明をすると、

「ドジだなあ」

と笑い、バッグから消毒薬と軟膏を出して、塗ってくれた。

この別荘の間取りは玄関を入るとすぐにダイニングキッチンがあり、テーブルと椅子が六つ。その向こうにバスルームとトイレがならんでいて、その向かいにふたつの部屋があり、その先がベランダになっている。

従兄が海水パンツに着がえはじめると、文代は隣の部屋に自分の荷物を移動。それから水着を持ってバスルームに行き、着がえて出てきた。藤色の上下ともに紐《ひも》で結ぶというきわどいデザインの水着だ。

ふっくらとふくらんだ股間、はみ乳ぎみの胸……。

俺は上から下まで舐《な》めるように、文代の水着姿を盗み見た。

「海水は肘のキズにしみて痛いぞ。しばらく休んでテレビでも見ていろ」

俺にそう言い残すと、従兄は文代といっしょに砂浜のほうへ下りていった。

「もう少ししたら、俺も行くからな！」

ふたりのうしろ姿に大きな声で呼びかけると、

「おっ」

従兄が振り返り、俺に手を振った。文代も振り返り、手を振ってくれた。

しばらく休み、そろそろ俺も海パンに着がえようとしたときだった。

文代の旅行バッグが半開きになっているのに気がついた。と同時に、生来のスケベ心が目を覚ます。

近づくと水着が入っていたと思われる袋に、これまで穿《は》いていたパンティーが入れてあるのを発見。俺はベランダに出て、彼女が眼下の浜辺にいるのを確かめてから、おもむろに袋から取り出してひろげた。

ピンク色のパンティーの股ぐり部を見ると、マン筋にそって透明に光っている。中指で触れてみると、糸を引くように伸びた。

さっき彼女が倒れこんだとき、なかなか起きあがらなかったのは、どこか具合を悪くして起きあがれなかったのではなく、俺の太ももにオマ×コをぶつけて感じてしまい、動けなかったのではないかと勝手に妄想した。

興奮が最高潮に達した俺は自慰をせずにはいられなくなり、ベランダでことに及ん

いった。

そしてそのあと、うまく下着を袋へ、そして袋をバッグへと戻して、浜辺へ下りていった。

だというわけだ。

俺たち三人はビーチボールをして、砂浜での楽しい時間を過ごした。

夕飯は海産物をたくさん仕入れてきていたので、かなりのご馳走《ちそう》だった。

もちろん、缶ビールも大量に冷やしてある。

やがて三人とも大満足のうちに食べ終え、就寝の時間となった。

「わかってると思うけど、私の部屋に入ってきたら、これ鳴らすわよ」

文代が俺たちに向かって痴漢防止用の防犯ベルを見せ、釘《くぎ》を刺した。

「よばいなんかしないよ」

笑いながら、従兄が言い返す。

従兄と俺が布団に横になると彼女が、

「襖《ふすま》を少し開けておいて」

と、俺に言った。

よばいも怖いが、慣れない部屋にひとりで寝るのはもっと怖いのだろう。しかたなく、俺の頭の上を少し開けておいた。

ビールのせいか、少し経《た》つと小便がしたくなり、トイレに立った。

トイレから戻ると、隣の部屋の文代が俺に向かってなんらかのジェスチャーをはじめた。

どうやら、俺に正面の出入口から表に出るように伝えているらしい。そして、自分はベランダから外に出るからと言っているようである。

言われたとおり、外に出ると、ムームー姿の文代が腕を組んできた。

「どこに行くの？」

俺が訊くと、

「しいっ。声を出さないで」

小声で制し、俺を浜辺のほうへいざなった。

文代はビニールシートとバスタオル、それに缶ビールを用意していた。

浜辺にシートをひろげる。

「満天の星がきれいよ」

シートに横たわり、文代がロマンチックにささやく。

「ほら、あなたもここに横になって」

俺にも横になるように促す。

俺が仰向けに寝転ぶと、文代はすぐに俺の顔の上に顔を近づけてきて、

「ね、私とヤリたい？」

と訊いた。

「えっ、えっ？」

あまりに直球な言いかたに驚いて、文代に向きなおると、

「ヤラせてあげようか？」

にっこり微笑《ほほえ》んでいる。

こう訊かれて、拒むばかはいない。

「……い、いいの？」

俺が訊き返すと、文代は薄暗い月明かりの下、無言でワンピースの前ボタンをはずしはじめた。

はずし終えて前合わせを開くと、その下にはなにも着けていなかった。

無我夢中で、おっぱいにむしゃぶりついた。乳首を舌で転がし、甘嚙《あまが》みしてから、

両手で包むように揉《も》みあげてゆく。

文代はずっと俺の頭を抱きしめている。その間も俺のチ×ポは彼女の太ももに擦られ、硬く大きく変貌を遂げている。

おっぱいを揉みながら、彼女の腋《わき》の下の匂いを嗅ぐと、昼間楽しんだブラジャーよりも強く女の匂いがした。たまらなくなり、体臭をぜんぶ舐め取るような勢いで舌を這《は》わせた。

ヘソの周囲を舐めまわしていると、あごに陰毛がモジャモジャとまつわりついてきた。陰毛にあごを乗せると、硬い恥骨が存在感を示す。

舌先を太ももへ移すと、文代の手が俺の頭に届かなくなった。ふと彼女を見ると、彼女も俺を見ている。

さすがに恥ずかしいのか、両手でおっぱいとオマ×コを覆っている。

文代が膝を立てた。今度は、気持ちよさそうに目を閉じている。

そろそろ最終行為に移るべきか……。

俺の心臓のパクパクがいっそう激しくなった。

太ももから少し上に舌先を移すと、そこは若い女の匂いが充満していた。

真っ白な太ももを左右に開き、その中心に顔を埋めようとすると、彼女は急に起きあがり、俺に抱きついてきて、耳もとで、

「ビール飲まない」

とささやいた。

缶ビールを俺にわたし、自分も飲みはじめる。

ビールを飲みながら文代の太ももを撫《な》でると、彼女も俺の股間にゆっくりと指を這わせてきた。

俺が半ズボンを脱ぐと、文代はむき出しになった俺のチ×ポをしごきはじめた。

このころには月明かりに目も慣れて、彼女の表情の微妙な変化さえわかるようになった。

「従兄の恋人でもない君が、なぜいっしょに伊豆に海水浴に来たの?」

ここで俺は疑問に思っていたことを訊いてみた。

すると、税理士事務所の仕事の一環で、別荘の管理を兼ねて来たと言う。

たまたま担当が年ごろの未婚の男女ふたりだったので、あとあとややこしいことを言われないように、従兄が身内の俺を誘ったらしい。

そんな話をしている間でも、文代の手は休まずに動いていた。俺のチ×ポの先っぽからは早くも先走りが出はじめている。

彼女もだいぶ興奮してきた様子で、鼻孔が酸素を欲しがってひろがり、荒い呼吸のたびにおっぱいがゆらゆらと揺れる。

薄く開いた唇に唇を重ねると、文代はますます息を荒くして、俺の口の中に舌を入れてきた。

「あっ、あっ……」

夢中で舌と舌をからませていると、文代が身体を密着させてきた。

抱き合ったまま、シートの上に倒れこむ。

彼女の上に乗ろうとして肘をつくと、昼間傷つけた部分が痛かった。その痛みを我慢して、文代のお尻に手をまわし、思いきりつかんでみる。

指先で割れ目をなぞってみると、やっぱり蜜であふれている。そして、臀部《でんぶ》にまであふれ出ていたのだ。

オマ×コの中心にチ×ポをあてがうと、文代は迎え入れるよう両脚を開いた。その拍子に、オマ×コの奥へ勢いよくニュルリと呑《の》みこまれていった。

温かく心地よい。温泉にでも浸《つ》かっているような気分だ。

「あっ、あっ、ああっ」

俺が腰を使いはじめると、文代は俺の動きに合わせてあえぎ、腰を浮かして押しつけてきた。

まもなく俺の股間から頭の先まで快感が走り抜け、同時に思いっきり彼女の中に精液を放った。

最高の星空姦に大満足した夜だった。

思いがけない展開

――東京都・学習塾講師・五十一歳

いまから十数年前、私が風俗店に足しげく通っていたときの体験談だ。

当時私は、池袋《いけぶくろ》の店舗型ヘルスを中心に出入りをしていたが、たまには違う地域も開拓してみようと思いたち、渋谷《しぶや》で探すことにした。

もちろん渋谷にも風俗店は多かったが、当時はちょうど無店舗型が増えはじめたころで、軸足を移してみようと、ラブホテルでことを行うタイプの店を選んだ。指定されたラブホテルに、ひとりで先に入って待つというシステムだ。

店舗で写真指名しておいたデリヘル嬢のプロフィールには、二十歳の美容師とあった。写真で見たところ、Dカップの美女である。

源氏名はレナ。どんな雰囲気の女性が来るかは、会ってからのお楽しみだ。

扉がノックされるのを、ベッドの上でドキドキしながら待つ。

コンコン。

おっ、来た。

飛ぶようにしてベッドから入口まで駆けてゆき、ドアを開ける。

「こんにちは、レナです」

レナちゃんが微笑《ほほえ》んだ。

「…………」

私は一瞬息を呑《の》んだ。

すごい。片耳にはピアスが十個以上、髪はツイストで赤茶。写真では、清楚《せいそ》な感じだったはずだが……。

ただし、顔の作りは写真どおりに美人。実物が写真と異なるのはよくある話だ。素材は変わらない。

「写真とイメージが違うね」

思わず口にすると、

「ガッカリした？」

笑顔のまま、レナちゃんが私の顔をのぞきこんだ。

「いや、ちょっとびっくりしただけだよ」

あわてて返す。

「髪型とか、前とかなり変えたからね」

レナちゃんが茶色のコートを脱ぐと、ベージュのチューブトップとミニスカートが現れた。

狭い室内にギャル臭がプンプン漂いはじめる。

しばらく雑談しているうちに、アルゼンチンと日本のハーフであることがわかった。美人なわけだ。

先にシャワーを浴びたいと言うので、私はひとりベッドに取り残される。

まもなく彼女がバスルームから出てきたので、入れかわりにシャワーを浴びる。

ところがシャワーを終えて戻ってきても、ついつい話しこんでしまって、ことが先に進まない。

自分のことを語る私に、聞き上手な彼女が丁寧にうなずいてくれるものだから、おしゃべりに夢中になってしまった。

「そろそろしよっか」

ようやく、こちらから切り出した。

「どうすればいい？」

レナちゃんが大きな瞳でたずねた。

ど、どうすればって……。

手順はお店で教えてもらわなかったのかな、この娘は……。

「じゃ、ここ触って」

私はしかたなく、股間からからニョッキリと天井を向いている屹立《きつりつ》を指さした。

「あ、はい」

するとレナちゃん、さっと手を伸ばして握ったものの、強く触りすぎて、あまり気持ちがよくない。

「手で触るのはもういいから、今度はフェラしてほしいな」

そうリクエストすると、

「わかった」

にっこり微笑んで、ベッド横のスキンの袋に手を伸ばすレナちゃん。

な、なんだよ、生フェラしてくれるんじゃないのか。ガッカリだな……。

慣れた手つきでスルスルと装着してもらい、フェラに移ったが、やはり気持ちよくない。

どんなにかわいいDカップの娘でも、ポイントを的確につかんでもらわないと、メンタルが萎えてしまう。

なんだか素股を頼む気も失せてしまった。

「もういいよ。今日はイケないみたいだから。時間もないし、シャワー浴びようか」

私がそう言うと、

「えっ、いいの？」

レナちゃんは申しわけなさそうな顔をした。

別々にシャワーを浴びて、先にベッドで休んでいると、服に着がえた彼女がやってきた。

「ちょっと、お店に電話するね」

「どうぞ」

彼女の電話が終わったが、まだ少し時間が残っているので、レナちゃんとふたたび歓談に入る。

ところが、しばらくしても、彼女が部屋を出てゆく気配がない。

「ねえ、そろそろ時間だろ。行かなくていいの？」

心配になってたずねたが、

「んー、もうちょっと大丈夫」

と、意に介しない。

「ふーん」

いぶかしく思ったが、とりあえず、ばかな世間話をして、ベッド横の椅子に座った彼女を笑わせる。

すでに十分以上は経過してるのに、まだレナちゃんに動く気配がない。

そうこうしているうちに、彼女はふたたびベッドに上がって、私の横に寝転がった。

「あのさ、時間、本当に大丈夫なの？」

これで延長料金なんか請求されたら、こちらはたまったものではない。

「ん、んー」

歯切れの悪い返事だ。

彼女はじっと見つめながら、私のジーンズの太ももに手を伸ばし、そろそろと撫《な》ではじめた。

え、なに、なに……？

どうしたのかと思って、レナちゃんの顔を見ると、ふたりの視線がからまった。

彼女の手の動きが徐々に大胆になってきて、私の股間のふくらみを確かめている。

こうなったら、俺も……。

私はレナちゃんのチューブトップの中に手を入れて、ふくよかな胸をさすった。

ピンととがった乳頭を指先でつまんでみる。

「あっ、あっ」

彼女の吐息が私の頬にかかり、さらに強く私の股間をさすりはじめた。

「うっ、ううぅ」

今度はこっちが声をあげる番だ。

恋人どうしのようにいちゃつく感じに、だんだん耐えられなくなってきた。

「もう、したくなっちゃったよ」

哀願調に言ってみると、潤みはじめた彼女の瞳。

あまりのかわいさに、チュッと唇にキス。

「時間、ないよ」

フレンチを数度交わしながら訊《き》いてみる。

「大丈夫。仕事はすましたから、あとはフリー」

「でも、ここのホテルの時間がもうないよ」

「………」

今度は答えない。

「じゃ、ホテル、三十分延長する？」

その問いには、彼女はコクリとうなずいた。

この劇的な展開に、私は身をゆだねることにした。フロントに電話をかけて時間延長を頼み、私が上着を脱ごうとすると、

「待って、時間ないから。下だけ、ね」

カチャカチャとベルトをはずされ、あっという間に、下半身だけまる出しになった。

今度は彼女のショーツを脱がせる。なにも身につけていない互いの下半身を向かい合わせで密着させると、怒張はさらにふくれあがった。

触って確かめてみると、彼女のあそこもグッショリと濡れている。

「このまま入れちゃうよ」

「ん」

とだけ返事をする彼女のヌル穴めがけて、屹立をジュブッと挿入してゆく。

「あぁん……あっ」

狭い室内にレナちゃんのせつなそうな裏声が響いた。

先ほどの満たされなかった欲望を吐き出さんばかりに高速で腰を使う。

「あん、あん、あん」

ベッドのシーツを両手にギュッとつかんで、耐える二十歳の美容師。

カリ首が膣内上部に引っかかるようにしてえぐり、そして引く。すると我慢できなくなったのか、

「あうっ」

私の肩を下から彼女が強くつかんだ。そのまま引っぱられた私は、体を預けたまま抜き挿しを繰り返す。

「あはん……あぁん……くっ……はっはっ」

もだえるレナちゃんの膣が、私のモノをつかんで放さない。

お互いの上の口では、唾液の交換を繰り返している。

正常位で突きつづけているうちに、私の腰奥から熱い噴出物が駆けあがってくるのがわかった。射精の瞬間、引き抜くと、彼女のベージュのチューブトップに白濁液がほとばしった。

「ごめんね。かかっちゃった」

「ううん。気持ちよかった」

この日から、私は頻繁にレナを指名した。深夜遅くに渋谷入りし、最終客になる。

「お仕事終わったら、ここに戻ってくるね」

私の待機しているホテルまで、お弁当をぶら下げて、彼女がやってくるようになった。そんなことをつづけているうちに、互いのケータイ番号を交換。プライベートでも逢《あ》うになるのに、さほど時間はかからなかった。

しばらくして、こんなことを訊いてみた。

「あのとき、どうしてすぐに帰らなかったの？」

「んー、だって、プレイに満足してなかったみたいなのに、無理にしようとしなかったし。そのあとのおしゃべりも楽しかったから。ふつう、あんなことしたあとで、笑わせようとなんかしないよ」

あのとき、私としてはたしかに不満だったが、せっかくの時間を楽しもうと思ったのは事実だ。

「あと、なんでケータイの番号教えてくれたの？」

このことも意外だった。

「何度も指名したあとで、ようやく訊いてくれたでしょ。すぐ訊いてこなかったから、信用したの。途中からは、そろそろ訊けよと思ったけどね」

レナちゃんは笑い声をあげた。

「じゃあ、外で会って遊ぶようになったのは？」

「番号知ってから、すぐかけてくると思ったけど、かけてこなかったでしょ。あれ、よかったな。それに、楽しかったから。もっといっしょにいたいと思ったんだよね」

「へえ、なるほどね」

本当は、故意に電話しなかったのではなく、たまたま忙しくて電話できなかっただけだ。

レナちゃんとは、そのあと二年ほどつき合っていたが、ほんのちょっとした理由で喧嘩《けんか》になり、音信不通になった。

彼女は、いまどうしているのだろう……。

彼女と入ったラブホテルの前を通るたびに思い出している。

変態さん

奈良県・会社員・六十二歳

派手な色彩の引越屋のトラックは、角を曲がって姿を消した。

引越荷物と言っても、さほどの量があるわけではない。搬入は瞬く間に終わった。

昭和五十九年、俺と美佳《みか》の新しい暮らしがはじまろうとしていた。美佳は当時二十四歳で、俺と同い年。大柄で目鼻だちがはっきりしていた。

同棲《どうせい》することになったのはうれしかったが、適当な住まいがなかなか見つからず、やっと見つけた２ＤＫは、最寄りの駅からはすぐだったが、築四十年のぼろアパートだった。

「ははは。段ボール箱なんてかぶって寝て、ウケをねらったつもり?」

とつぜん頭上から降ってきた美香の声で、目を覚ました。

「おお、びっくりした」

俺は頭にかぶっていた段ボールの箱を取った。

まだカーテンを取りつけていなかったので、西日が目に入らないよう、手近にあった段ボール箱を頭からすっぽりかぶったまま、熟睡してしまったのである。

俺は、買い物に出かけた美佳が帰ってきたことに気がつかなかった。

「ああ、気持ちいい」

美佳は俺を押しのけて、エアコンの真下へ行った。

部屋の中が蒸し風呂のように暑かったから、俺はパンツ一枚でエアコンの風を浴びていた。いまから三十年以上も前のこと、空調完備の賃貸住宅なんて珍しい時代だ。

俺は部屋の中の段ボール箱を見わたした。荷物は二人分。そうとうな量だ。すぐには整理しきれないだろう。

「暑いし、ゆっくりと片づければいいわね」

涼んでいるうちに、機嫌はよくなったみたいだ。

「とりあえず、これを飲みましょうよ」

美佳はジュースや缶ビールの入った買い物袋を、テーブルの上に置いた。

美佳は缶ビールをふたつ取り出すと、みるみる一本を飲みほし、

「ああ、おいしい」

と言って、テーブルにもたれかかった。

そのときに見えたうなじがやけに色っぽくて、俺はちょっかいをかけてみたくなった。テーブルから身を乗り出し、息を吹きかける。

「くすぐったい。やめてよ。酔いで眠くなってきたんだから」

美佳が半眼で文句を言った。

「寝てしまっちゃ、ダメだよ」

「あなたはいいじゃない。さっきまで箱までかぶって寝ていたんだから。歩きまわってもう、くたくたなんだ。私もひと眠りしたい」

そう宣言すると、美佳はソファの上で寝息をたてはじめた。

散乱したままの室内を片づけようかとも思ったが、ひとりでやるのも面倒くさい。

ふたたび俺もうとうと……。

ひと眠りして目を覚ましたが、美佳はまだ、リビングのソファで熟睡している。

その無防備な姿を見て、いたずらを思いたった。

さきほど俺がかぶっていて笑われた箱を、美佳にかぶせてやったらどんな反応をするだろう。

昔、飼っていた猫は、とにかく狭い箱に入りたがった。動物は猫に限らず、人間であっても、狭い場所が好きなのだ。胎内回帰願望とでもいうのか、動物の本能なのだと思う。

俺は箱を手にそっと美佳に忍びよった。ソファで爆睡中の美佳が、気づく様子はなかった。それでも起こさないように慎重に頭にかぶせた。

「うーん」

起きる様子はないものの、さすがに少し異変を感じたようである。

「箱かぶってどんな気持ち？　意外に落ちつくだろう」

俺は美佳の肩に段ボール箱を固定しながら、訊《き》いた。彼女の頭に箱はすっぽりと収まっている。

美佳がソファの上で、もぞもぞと尻を動かした。

「こんなことしたら、暑苦しいに決まっているじゃない。ずっと思ってたけど、あなた、やっぱり変態だよね。そうとうな変態だわ……」

リビングには、運びこんだばかりの食器や家財道具などが散乱していた。

「やっと落ちついたと思ったのに、こんなばかげた遊びなんかにつきあっていられないわ」

彼女は俺にあきれ、怒ってしまった。

美佳とつきあって一年以上になり、マンネリにもなっている。俺は引越用の段ボール箱を彼女の頭にかぶせて、セックスをしようとしたのである。

だっていつも同じことばかりしていたら飽きてくるし、おもしろくないではないか。

俺は美佳に乗りかかっていった。

「やめなさいよ。引越の荷物を片づけてからにしてよ。気が散ってそんなことできないわ」

「いや、やめない」

半パンをはいてきつく閉じた美佳の太腿《ふともも》は、ひんやりした手触りで、撫《な》でるとすべすべした。

アパートは古いが、契約したときにエアコンだけは新調してくれたので、吹出口からは冷たい風があふれ、気持ちいい。

太腿を愛撫《あいぶ》しているうちに、美佳はおとなしくなり、眼をつぶっている。その気になってくれたようだ。

この暑気の中でも、俺に湧いてくる性欲はどうしようもない。

俺はいったん床にうつ伏せになり、彼女の両腿を左右にゆっくりと開いた。そして力をこめて、上へ持ちあげた。

箱をかぶったまま、美佳はソファの上で両脚を開き、あられもない姿になった。

半パンとショーツ越しに、陰毛の奥のぬめりをまさぐってみる。汗と愛液の混じりあった独特のにおいがした。そのにおいは、さらに俺を欲情させた。

「この変態、やめなさい。やめて」

あらがう美佳の声はだんだん弱く、次第に甘えるようになった。

俺も興奮し、体中から汗が噴き出したが、美佳の体の中心から絶え間なく湧き出す甘露をすすり、そして貪り飲んだ。

まもなく美佳は立ちあがると、両手で頭にかぶせられたダンボール箱を持ちあげようとした。

「ね、もう少し、箱をかぶったままでいてくれないか」

俺は美佳の膝に取りすがった。そして、Tシャツの上から乳首をつまんでみた。淡いピンクのTシャツから、胸のふくらみが見えたので、いたずらしてみたくなったのである。

「あうぅ」

予期しなかったことが起きて、美佳はのけぞった。

「急に変なことしないで」

しかしその声は、怒気に満ちたものではなかった。

「こんなのはどう」

俺は半パンの上から彼女の股ぐらへ、指を入れた。

「この変態」

美佳が頭からダンボール箱をはずした。

「そうだ、さっきのつづきをしようよ」

俺は美佳を抱きよせた。

「待って。いいことを思いついたの。あなたがヒントがくれたんだけど、あれよ。おもしろいことを考えついたの」

美佳は、さっきまでかぶらされていた段ボール箱を見せた。

彼女はシャワーをしたばかりなので、石鹸《せっけん》のいい香りがする。

「そんなのどうでもいいから」

「でも……」

なにかを言いかけた美佳を制して、俺はソファの上で一戦を交えた。

それなりに彼女は反応してくれたが、気になることがまだあるようだった。

全裸でソファに寝転びながら、床に転がっているダンボール箱を見ている。

「あれを使ってみようかしら。あなたのアイデア、やっぱり捨てたもんじゃないわ」

美佳は小物ばかりが入っている箱から、油性のマジックインキとカッターを取り出した。

美佳はマジックで印をつけた部分をまるく切り抜いた。自分がかぶったときの目の位置だ。

「段ボールが分厚いし、刃先が古いから、うまく切れないわね」

切り終えた美佳は、着衣を脱いで全裸になった。

ふたたび箱をかぶり、俺のほうにお尻を掲げた。

「入れてみて」

「うん」

たんに箱をかぶっただけだが、そこにいつもの美佳ではない美佳がいた。

興奮した俺は美佳のお尻に乗りかかっていった。

「あっ、あぁ、いい」

箱の中で美佳がつぶやいた。

つづいて美佳は、体を起こすと、股を開いて俺の上にまたがった。

自分の手で誘導して中へ入れる。気分はよけいに高まったようだ。

「どんな気持ち？」

箱の中から、彼女が訊いた。

「なんだか美佳じゃない別の女とセックスしているみたいで、興奮する」

「私も顔を見られていないぶん、変態さんになったみたいよ」

この日以来、この箱は「変態さん」と名づけられ、壊れるまで使用されたのだった。

赤い傘の彼

滋賀県・パート・四十二歳

私が働く定食屋の常連客で十歳年下の服部慎二《はっとりしんじ》君。彼がお店に来る日はなぜか雨の日が多く、派手な赤い傘をさしてやってくる。

私がはじめて彼と関係を持ったきっかけが、その赤い傘だった。

私は横山桜《よこやまさくら》。独身。中肉中背のCカップで、肩までのセミロングを束ね、常連さんからは愛想がいいと言われる。

三十代を会社に捧げ、長く交際していた彼とも別れて疲労困憊《ひろうこんぱい》していた私に、店を手伝わないかと声をかけてくれたのが還暦すぎの元気なママだった。

ここ一カ月、決まって夜十時ごろにやってきて、焼さば定食を注文する若い男の子が現れた。

「お兄さん、いつも遅いけど、仕事の帰り？」

「はい、そうです」

ママが気さくに話しかけると、彼も屈託のない笑顔で明るく答えた。

「ハンサムだし、すぐに顔を覚えたわ」

豪快に笑うママのうしろから、私も彼を眺める。

ふんわりパーマがかかった黒髪は耳のラインで整えられ、色白の首を強調させる。目は切れ長の奥二重で、鼻が高く小顔だ。洋服はカジュアルなので堅い職業ではなさそうだが、女性には苦労していなさそうだ。

「桜ちゃんも好きでしょ」

「そうね、ママと同じでイケメンには弱いから」

そう言って彼と視線を交わし、私は洗い物を片づけに行く。

「お兄さんはこの近くに住んでるの」

「ええ、ここから歩いて五分ほどです。最近、引っ越してきたんですけどね」

別の客が帰ったので、店には彼ひとり。椅子に座ってテレビのニュースを見ながら、ママが彼の情報収集をはじめた。

「結婚はしてないの」

「はい、まだ独身です」

「料理を作ってくれる彼女はいないもんなの」

「彼女と別れてけっこうたつし、とにかくテレビ関係の仕事だから、仕事がきつくて時間がないです」

「もったいないわね、こんなにハンサムなのに」

ふたりのおしゃべりを聞きながら、彼は意外と草食系男子なのかもと思った。このときはまだ、自分の間違いに気づいていなかったから。

十時半をまわる。店の看板を片づけようと外に出ると、雨が降り出す空気がもわっと立ちこめる。

「ママ、雨が降りそうよ」

「あら、たいへん」

ママが私に帰るように言ったので、簡単に片づけをして焼さば定食の彼に挨拶をして店を出る。

小雨が降りはじめたが、ひどくはならないだろうと思い、コンビニに立ちよる。雑誌をチェックして、スイーツコーナーへ向かう。

すると、焼さば定食の彼がいた。

いつの間に来たのか不思議だったが、真剣にスイーツを選ぶ彼は、ほのぼのとしている。挨拶しようと思うが、お店では気づかなかった一八〇センチの長身と小顔の立ち姿がきれいで、思わず見入ってしまった。

「それおいしいから食べてみて。私がおごるわよ」

「あっ、変なとこ見られましたね」

「スイーツ好きなの？　私も今日はクレープでも食べようかな」

「桜さんもいっしょに食べませんか？」

名前を呼ばれたことも、ありえない提案も、どちらにも驚きが隠せない。

「どこで……というか、私の名前、教えたっけ」

「ママが呼んでるし、僕たちご近所っぽいですし」

「あっ、そう」

それ以外の返事が思いつかなかった。彼の笑顔とおっとりした話しかたが、手に持つプリンとぴったりだ。

いっしょに食べるという提案はスルーして、私たちはレジに向かった。

「背が高いのね」

「桜さんが隠れますよ」

「お名前は？」

「慎二です」

レジがアジア人留学生でよかった。こんな会話で、ほんの少しテンションが上がっている中年女性の姿はなんとなく恥ずかしい。

「雨、ひどくなってますよ」

「ほんとだ」

ほんの数分のために傘は買いたくない。でも、傘が必要な雨。思わず天を仰ぎ、私はがっくり肩を落とす。

「どうぞ、使ってください」

見なれた赤い傘が、目の前に出された。

「大丈夫。ここから三分ほどだし」

私は右側を指さしながら答える。

「逆方向だけど、ご近所さんですね。送りますよ」

「いいよ、そんなの」

にこっと笑って慎二君が傘をひろげた。その赤い傘が、不覚にもなぜか私をドキッとさせた。彼は私の肩をぐっと引きよせた。

アルコールゼロの男女が相合傘で雨に濡れる。

「桜さんは年下とつき合ったことある？」

「うん、五歳下とかだよ」

「物足りなくなかったの」

「かわいくて、なんでもしてあげたくなった」

「じゃあ、僕は？」

慎二君が私に迫る。そして、それはまったくいやではない。

彼の表情が母性本能をくすぐったのかはわからないが、私は慎二君を部屋に招いた。

靴を脱ぐなり、どちらかともなくキスをする。やわらかくて温かい唇だ。爽やかな透きとおるようなキス。不思議な癒やし効果があるのか、何時間でも味わえそうだ。

そのまま部屋へ進み、ソファになだれこむ。上に乗りかかり、じっと慎二君が私を見つめる。思わず視線を逸《そ》らした私の両手が、彼によって上に拘束された。

「こんなの、好き？」

決して高圧的ではないのに、主導権を奪われる。

「嫌いじゃない」

そう言うのが精いっぱいの私を、彼が焦らしはじめた。

ふたたび唇を押しつけると、舌を挿し入れ、貪りはじめる。身動きできない私のスカートをまくりあげ、太ももに手を置き、やさしく撫《な》でまわされると思わず声が出る。

「この感触、どう？」

私はストッキングの上から触られるのが好きだ。それを知っているかのように、彼がいたずらをしかける。

「どうって……」

一瞬身体をぴくっとさせた私の変化を彼は見逃さず、スカートをゆっくりと脱がせにかかる。慎二君は私の脚に舌を這《は》わせた。

「あぁ、なんかダメ……」

この薄いナイロンの生地に、私は確実にペースを奪われていた。慎二君の愛撫《あいぶ》はやさしいが、執拗《しつよう》すぎるのだ。

「どんな感触か教えて」

「ぞくぞくしちゃう」

「そっか。いいじゃん」

いま慎二君の指先が少しでも秘部に触れたら、卑猥《ひわい》な粘り気に驚くかもしれないほど私は潤っている。

熟した割れ目から漂う熱気を楽しむかのように、パンティーに触れないよう脚のつけ根ぎりぎりまで指先を滑らせると、すぐにつま先へ急降下させるのだ。

「あぁ、お願い、やだ」

慎二君が股間に顔を埋《うず》め、いたずらにふっと息を吹きかけた。生暖かい感触がたまらず、腰を浮かせる。

私の両脚をM字に固定し、彼が舌先でつんつんと敏感なその場所に刺激を与えた。

「やだ、あ、そこ、そこ」

「どうしてほしいの？」

この恥ずかしい格好にもだえ、返事ができない。

「桜さん、じっとして、いやらしいんだから」

昂《たかぶ》る私の反応に、慎二君も加速する。一気にパンストを下げ、湿ったパンティーを左にずらすと、膣口からぬめっと指を奥まで埋めこんでしまった。

「あぁっ、ああっ」

彼の指は長いのか、深く侵入すると壁をノックするように子宮を操る。指のピストン運動が私からもまる見えで、卑猥な音が鮮明に響きわたる。彼がもう一方の手でクリトリスをいじると、強烈な興奮が加わった。

「いい、すごく気持ちいい。そこ、そこっ」

「なんか俺も興奮する」

あまりの快感美に、思考も理性も溶け流れはじめる。

「はぁっ、あぁぁ、うっ」

刺激を受けるほどに、私の身体が反り返る。とどめを刺すかのように、慎二君の舌がクリトリスをはじいた。

「お、お願い、あぁ……」

彼がデニムを脱いだ瞬間、中心で熱を放つ硬いモノが私を呼んだ。力強く慎二君が私を抱きしめる。まるで暴発しないように沈めているかのようだ。

「こんなにしちゃって」

「俺、すぐイクと思う」

ぬるっと一気に挿入させると、信じられないほどの密着感が襲った。

「すごい、それ、あ、ああ」

「俺も、出る。出ちゃう」

「そこ、そこ、そこ」

「桜さん、ああ」

ものの二分ほどで、慎二君が私のおなかにたっぷりの白濁液を浴びせた。

「ごめん、イッちゃった」

呼吸を整える私に、小犬系男子が訴える。

「ふふっ、私は慎二君の数倍気持ちよかったから」

本当なのだ。忘れていた悦《よろこ》びが全身を駆けめぐり、まだ火照りが治まらない。

「桜さん、家に帰ったら僕のことを思い出して、ひとりで慰めて」

その目は本気とも冗談とも取れるのに、私が断れないことをすでに慎二君は知っているようだ。

「しないから」

うつむく私をぎゅっと抱きよせ、彼が耳もとでささやく。

「報告、待ってるね」

◉本書は「夕刊フジ」に投稿、掲載された手記を収録しています。

左記は初出一覧。一部は文庫収録の際に改題しています。

「特技を活かして」（2020年1月）
「可愛い恥丘」（2020年5月）
「街のアイドルと一発！」（2020年6月）
「獣に目覚めた夜」（2020年6月）
「闇スワップ」（2020年7月）
「相互不倫」（2020年10月）
「白衣のお姉さん」（2020年8月）
「魅惑のエプロン」（2020年8月）
「トイレで再会」（2020年9月）
「壊れたバイブに想う」（2020年10月）
「占いサイトでナンパ」（2020年10月）
「内緒のレコーダー」（2020年11月）
「船上では騎乗位で」（2020年11月）
「お姫様のつぼみ」（2021年1月）
「年上の女　星空姦」（2021年4月）
「思いがけない展開」（2021年7月）
「変態さん」（2022年3月）
「赤い傘の彼」（2022年7月）

監修　桑原茂一
編集協力　松村由貴（株式会社大航海）

◉新人作品**大募集**◉

マドンナメイト編集部では、意欲あふれる新人作品を常時募集しております。採用された作品は、本人通知のうえ当文庫より出版されることになります。

【応募要項】未発表作品に限る。四〇〇字詰原稿用紙換算で三〇〇枚以上四〇〇枚以内。必ず梗概をお書き添えのうえ、名前・住所・電話番号を明記してお送り下さい。なお、採否にかかわらず原稿は返却いたしません。また、電話でのお問い合せはご遠慮下さい。

【送付先】〒一〇一-八四〇五 東京都千代田区神田三崎町二-一八-一一 マドンナ社編集部 新人作品募集係

私《わたし》の性体験《せいたいけん》投稿《とうこう》 年上《としうえ》の女《おんな》

二〇二三年七月十日 初版発行

編者◉夕刊フジ【ゆうかんふじ】

発行◉マドンナ社
発売◉二見書房

東京都千代田区神田三崎町二-一八-一一
電話 〇三-三五一五-二三一一(代表)
郵便振替 〇〇一七〇-四-二六三九

印刷◉株式会社堀内印刷所 製本◉株式会社村上製本所 落丁・乱丁本はお取替えいたします。定価は、カバーに表示してあります。

ISBN978-4-576-23071-9 ◉Printed in Japan ◉©マドンナ社

オトナの文庫 マドンナメイト

電子書籍も配信中!!
詳しくはマドンナメイトHP
https://madonna.futami.co.jp

私の性体験投稿 禁断の果実
夕刊フジ編／官能小説を凌駕する、熟年男女の赤裸々な告白！

私の性体験投稿 濡れた横顔
夕刊フジ編／熟年男女たちの赤裸々な性体験告白集！

私の性体験投稿 淫らな素顔
夕刊フジ編／素人男女の新聞連載されたナマの声！

私の性体験手記 親友の姉
サンケイスポーツ文化報道部編／熟年男女の人生を彩る性愛の記録

私の性体験手記 青い性愛
サンケイスポーツ文化報道部編／生々しい体験を綴った手記！

私の性体験手記 教え子の匂い
サンケイスポーツ文化報道部編／リアルな熟年男女の性愛の記録！

棚ぼた年の差体験 素人告白スペシャル
素人投稿編集部編／年齢差があって無理のはずがヤレてしまったスケベ体験！

忘れられない相姦体験 禁断告白スペシャル
素人投稿編集部編／背徳の世界へ迷い込んだ男女の相姦体験告白集！

背徳の秘習——逆らえない性の掟 禁断告白スペシャル
素人投稿編集部編／妖しくて淫らな性風俗の赤裸々告白集！

旅先での熟女体験 素人告白スペシャル
素人投稿編集部編／旅先での美熟女との甘美な体験告白集！

年の差不倫——背徳の肉悦 素人告白スペシャル
素人投稿編集部編／年の差をものともせず快楽にハマった男女！

熟年白書 甦る性春
素人投稿編集部編／六十路を過ぎた熟年男女の甘美な性春！

Madonna Mate